Teste Dein Wirtschaftsdeutsch!

Von

Charlotte Lissok

Langenscheidt

Berlin · München · Wien · Zürich · New York

Auflage:	5.	4.	3.	2.	1.	Letzte Zahlen
Jahr:	87	86	85	84	83	maßgeblich

© 1983 by Langenscheidt KG, Berlin und München
Illustrationen: Gerhard Wawra, Charlotte Lissok (S. 56)
Umschlagentwurf: grafik-dienst A. Wehner
Druck: Druckhaus Langenscheidt, Berlin
Printed in Germany · ISBN 3-468-38527-7

438
L 772t

Inhaltsverzeichnis

Zur Einführung

Mit der zunehmenden internationalen Verflechtung der Wirtschaft und dem freieren Verkehr von Gütern und Leistungen zwischen den Staaten steigt auch der Bedarf der Wirtschaft an fremdsprachlich geschulten Mitarbeitern. Kenntnisse der Umgangssprache genügen hier aber meist nicht: Kenntnisse der Fachsprache sind unerläßlich.

Dieses Buch weist Sie in die deutsche Fachsprache der Wirtschaft ein; es hilft Ihnen, Ihre sprachlichen und wirtschaftlichen Kenntnisse zu erweitern und vermittelt Ihnen Grundlagen und institutionelle Daten, wie sie für den geschäftlichen Kontakt mit deutschen Firmen nötig und nützlich sind.

Dennoch sehen Sie sich keinem trockenen Lehrbuch gegenüber, sondern einem amüsanten Frage-und-Antwort-Spiel, das Ihr Interesse und Ihre Freude am Lernen weckt. Meist haben Sie die Wahl, unter fünf Antworten auf eine in Deutsch gestellte Frage die richtige zu finden; Sie können Ihr Ergebnis im Antwortteil kontrollieren und erhalten gleichzeitig noch zusätzliche Informationen zur richtigen Antwort. Aber auch die nicht zutreffenden Antworten werden erläutert und besprochen, soweit sie zur Fachsprache der Wirtschaft gehören. Die Kontrollaufgaben zu jedem Kapitel knüpfen an das Gelernte an und erlauben Ihnen, Ihre Fortschritte zu messen.

Sie sollten zu diesem Buch allerdings erst dann greifen, wenn Sie bereits über gute Deutschkenntnisse verfügen. Gerade die Erläuterungen werden vom Anfänger nicht ohne weiteres zu verstehen sein.

Die Methode dieses Testbuchs basiert auf modernen didaktischen Erkenntnissen. Die Form der Darbietung hat sich bereits für den Bereich der Allgemeinsprache bewährt. Die gleichfalls im Langenscheidt-Verlag erschienenen zwei Bände „Teste Dein Deutsch" sind in vielen tausend Exemplaren verbreitet.

Wir wünschen Ihnen viel Erfolg und Freude beim Knacken der mehr oder weniger harten Nüsse!

Fragen

Kaufmännischer Schriftverkehr

1 Welche Schreibweise ist richtig?
   a) Konrad Adenauer Platz
   b) Konrad Adenauerplatz
   c) Konrad-Adenauerplatz
   d) Konrad-Adenauer Platz
   e) Konrad-Adenauer-Platz

2 Die Abkürzung *mfg* in Fernschreiben
  heißt . . .
   a) mittelfristig
   b) montags und freitags geschlossen
   c) Made for Germany
   d) Mindestfreigrenze
   e) mit freundlichen Grüßen

3 Nur eine Anrede ist richtig:
   a) Ehrenwerter Herr Schiller!
   b) Sehr geehrter Herr Schiller!
   c) Geehrter Herr Schiller!
   d) Hochgeachteter Herr Schiller!
   e) Sehr achtungsvoller Herr Schiller!

4 Welchen Briefanfang kann man nicht
   verwenden?
   a) Bezugnehmend auf Ihre
      Anfrage . . .
   b) Mit Bezug auf Ihre Anfrage . . .
   c) Unter Bezugnahme auf Ihre
      Anfrage . . .
   d) Bezuggenommen auf Ihre
      Anfrage . . .
   e) Wir nehmen Bezug auf Ihre
      Anfrage . . .

5 Was gehört zusammen?

a) einen Auftrag	1. unterbreiten	a)
b) vom Kauf	2. treten	b)
c) ein Angebot	3. decken	c)
d) einen Rabatt	4. zurücktreten	d)
e) seinen Bedarf	5. erteilen	e)
f) in Geschäfts-verbindung	6. gewähren	f)

6 Welcher Satz ist richtig?
   a) Wir bitten Sie, uns ein Angebot zu
      unterbreiten.
   b) Wir bitten uns ein Angebot
      unterbreiten.
   c) Wir bitten Sie, uns ein Angebot
      unterzubreiten.

d) Wir bitten Sie, daß uns ein Angebot
   unterbreitet wird.
e) Wir bitten Sie, zu unterbreiten uns
   ein Angebot.

7 Welche Schreibweise ist richtig?
  a) Endgeld
  b) Endgelt
  c) Entgeld
  d) Entgelt
  e) Entgellt

8 *Wir sind . . . und gar nicht mit Ihrem
  Vorschlag einverstanden.*
  a) voll
  b) ganz
  c) überhaupt
  d) echt
  e) absolut

9 Eine der Gruppen Verb-Substantiv ist
  falsch!
  a) unterschreiben – die Unterschrift
  b) sprechen – das Gespräch
  c) anbieten – das Angebot
  d) ausführen – die Ausfahrt
  e) beschließen – der Beschluß

10 Wie muß es heißen?
  Wir sehen Ihrer baldigen Antwort . . .
  a) gegen
  b) entlang
  c) voraus
  d) entgegen
  e) vorab

11 Eine Unterschrift mit dem Zusatz *Nach Diktat verreist* bedeutet, daß der Brief nicht von demjenigen unterschrieben wurde, der ihn diktiert hat.
Richtig (R) oder falsch (F)?

12 Die Abkürzung *i. A.* vor der Unterschrift bedeutet:
a) in Anwesenheit
b) im Auftrag
c) in Abwesenheit
d) in Ansehung
e) im Anfang

13 Eine Maschine, die diesen Porto- und Datumsstempel aufdruckt, heißt . . .
a) Freibeuter
b) Freidrucker
c) Freistempler
d) Freibrief
e) Freier

14 Welches Wort paßt nicht zu den anderen?
a) Druckschrift
b) Drucksache
c) Katalog
d) Broschüre
e) Prospekt

15 Die Abkürzung *b. w.* heißt . . .
   a) bis auf weiteres
   b) bei weitem
   c) bitte wenden
   d) bitte warten
   e) bisweilen

Werbung

---

1 Statt *für etwas werben* kann man auch
   sagen: *die Werbetrommel . . .*
   a) schlagen
   b) rühren
   c) klopfen
   d) klappern
   e) öffnen

2 Wo steckt der Fehler?
   a) Viele Unternehmen werben mit
      Preisausschreiben.
   b) Das Reisebüro wirbt für Reisen in
      der Nachsaison.
   c) In Frauenzeitschriften wird viel für
      Kosmetika gewerbt.
   d) Die Bundesbahn warb im Frühjahr
      für Reisen in den Süden.
   e) Eine Privatschule muß um Schüler
      werben.

3 *Werbung* und *Gewerbe* haben die
gleiche Bedeutung.
Richtig (R) oder falsch (F)?

4 Nur einer der folgenden Begriffe ist
mit *Werbung* nicht sinnverwandt:
a) Propaganda
b) Reklame
c) Public Relations
d) Öffentlichkeitsarbeit
e) Veröffentlichung

5 Das Adjektiv heißt *unlauter* und
bedeutet soviel wie *nicht ehrlich.*
Wo steht es in einer falschen Form?
a) Unlautere Werbung wird bestraft.
b) Unlauterer Wettbewerb ist
verboten.
c) Es gibt ein Gesetz gegen unlauteren
Wettbewerb.
d) Diese Werbung ist unlauterer als
jene.
e) Wer sich bei der Werbung unlauter
Mittel bedient, ist kein ehrlicher
Kaufmann.

6 In einer Anzeige steht: *Unser Produkt
ist besser als das Produkt X des
Konkurrenten Y.*
Ist diese Art der Werbung in der
Bundesrepublik erlaubt?

Ja
Nein

7 Ein besonders preisgünstiges
Angebot ist ein . . .
a) Preisführer
b) Preisbrecher
c) Preisträger
d) Preisschlager
e) Preisrichter

8 Ein Lockartikel ist . . .
a) ein Lockenwickler
b) ein Haarpflegemittel
c) eine besonders billige Ware, die
Kunden anlocken soll
d) verführerische Unterwäsche
e) beim Fischfang verwendetes
Lockmittel

9 Ist eine Werbeschrift nicht geheftet,
sondern nur gefaltet, spricht man
von . . .
a) Faltblatt
b) Falter
c) Faltpapier
d) Einfalt
e) Faltplan

10 Von *Slogan* spricht man auch im
Deutschen.
Aber wie kann man das Wort
übersetzen?
a) Sprechblase
b) Sprichwort
c) Wahlspruch
d) Werbespruch
e) Werbesprache

11 Wer oder was hat der *Litfaßsäule* ihren
Namen gegeben?
a) das große Fassungsvermögen
b) ein altägyptisches Vorbild
c) der Erfinder Ernst Litfaß
d) die faßartige Form
e) das lateinische Wort *litera*

12 Ordnen Sie die *Werbeträger* (Zahlen)
den *Werbemitteln* (Buchstaben) zu!

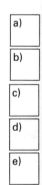

a) Werbefilm	1. Litfaßsäule	a)
b) Plakat	2. Zeitung	b)
c) Anzeige	3. Rundfunk/ Fernsehen	c)
d) Leuchtreklame	4. Kino	d)
e) Werbespot	5. Gebäude	e)

13 Gibt es einen Unterschied zwischen
Werbekosten und *Werbungskosten?*

Ja

Nein

14 Ein Produkt, das sich gut verkaufen
   läßt, ist ein . . .
   a) Läufer
   b) Schrittmacher
   c) Rennfahrer
   d) Vorgänger
   e) Renner

15 *Anpreisen* heißt . . .
   a) mit einem Preis versehen
   b) anbieten und empfehlen
   c) den Preis nennen
   d) den Preis senken
   e) den Preis erhöhen

Kauf und Verkauf

1 Ein *Tante-Emma-Laden ist* . . .
   a) ein kleines Lebensmittelgeschäft in
      einer Wohngegend
   b) ein Lebensmittelgeschäft, das von
      einer alleinstehenden Frau geführt
      wird
   c) ein Geschäft, das Damenkleidung
      in großen Größen anbietet
   d) ein Kiosk
   e) der Name einer Ladenkette in der
      Bundesrepublik

2 Das ist ein . . .
  a) Abzeichen
  b) Warnzeichen
  c) Firmenschild
  d) Warenzeichen
  e) Vorzeichen

3 *Ich kaufe große Mengen. Ich bin . . .*
  a) Grossist
  b) größenwahnsinnig
  c) Großhändler
  d) Großunternehmer
  e) Großabnehmer

4 *Unser Angebot ist befristet.*
  Das heißt, es ist . . .
  a) ungültig
  b) zeitlich beschränkt
  c) zeitlich unbeschränkt
  d) fristgemäß
  e) termingerecht

5 Eine bindende Zusage ist . . .
  a) verbunden
  b) verbindlich
  c) hinderlich
  d) ununterbrochen
  e) ergeben

6 Der Lieferant hat nicht geliefert. Er
  hat . . .
  a) uns wissen lassen
  b) alles stehen- und liegenlassen
  c) uns in Ruhe gelassen
  d) uns im Stich gelassen
  e) den Dingen freien Lauf gelassen

7 Der Kaufmann schreibt: *Wir liefern die
Ware . . .*
a) so schnell als möglich
b) so schnellstmöglich
c) so schnell wie möglich
d) so schnell wie auch möglich
e) so schnell möglich

8 Etwas *in Kauf nehmen* ist gleichbedeutend mit etwas *in Zahlung
geben*.
Richtig (R) oder falsch (F)?

9 Was ist falsch?
*Wir können die Ware im Augenblick
nicht liefern. Sie ist . . .*
a) nicht auf Lager
b) nicht vorrätig
c) vergriffen
d) nicht lieferbar
e) nicht ab Lager

10 Einen Auftrag kann man nicht . . .
a) abwickeln
b) bestätigen
c) entwickeln
d) ausführen
e) erteilen

11 Eine *Vertragsbestimmung* nennt man
auch . . .
a) Klause
b) Klausel
c) Karzer
d) Klausur
e) Klaue

12 Diese Flasche wird nicht zurück-
genommen. Es ist eine . . .
a) Einwegflasche
b) Einfachflasche
c) Einkaufsflasche
d) Einheitsflasche
e) Einzelflasche

13 Die verglaste Auslage eines Geschäfts
nennt man . . .
a) Schaubild
b) Schauglas
c) Schauplatz
d) Schaufenster
e) Schaustück

14 Welches Wort ist nicht gleichbedeutend mit den anderen?
a) unentgeltlich
b) unentbehrlich
c) kostenlos
d) gratis
e) umsonst

15 Beim *Kauf zur Probe* kann sich der
Käufer nach Lieferung entscheiden,
ob er die Ware behalten oder
zurückgeben will.
Richtig (R) oder falsch (F)?

Arbeitsplatz Büro

1 Ein *Großraumbüro* ist . . .
   a) ein großes Büro
   b) ein Büro mit viel Platz für jeden
      Mitarbeiter
   c) das Büro des Vorgesetzten
   d) ein Raum, in dem mehrere Büros
      zusammengefaßt sind
   e) ein Büro in einem
      Raumfahrtzentrum

2 Eines der folgenden Wörter gibt es
nicht:
   a) Telefongespräch
   b) Telefonfernsprechanlage
   c) Telefonanschluß
   d) Telefonbuch
   e) Telefongebühren

3 Zwei der folgenden Bestandteile einer
Telefonnummer sind identisch.
Welche?
a) Länderkennzahl
b) Rufnummer
c) Durchwahlnummer
d) Ortskennzahl
e) Vorwählnummer

4 Eine der folgenden Aufforderungen ist
nicht richtig:
a) Legen Sie den Hörer auf!
b) Nehmen Sie den Hörer ab!
c) Nehmen Sie das Gespräch über!
d) Rufen Sie mich zurück!
e) Bleiben Sie am Apparat!

5 Ein Telefongespräch ist nicht immer
ein Ferngespräch.
Richtig (R) oder falsch (F)?

6 Sie wollen den Betrag einer Post-
sendung vom Briefträger einziehen
lassen. Diese Sendung wird als . . .
bezeichnet.
a) Einschreiben
b) Wurfsendung
c) Drucksache
d) Wertbrief
e) Nachnahme

```
          Eingegangen
      am:      6. FEBRUAR 19..
 Sekr. M 6.2.  Ehr.         Vk. Ke 7/2
 Bchf.          Abt. S 4/8 2  Abt. V /t 8 5.
 Beantwortet am   9. Feb.  von  Rei
```

7 Was steht auf diesem Stempel nicht?
  a) wann der Brief eingegangen ist
  b) wer den Brief beantwortet hat
  c) von wem der eingegangene Brief
     geschrieben wurde
  d) an welche Abteilungen der Brief
     weitergeleitet wurde
  e) wann der Brief beantwortet wurde

8 Die Postleitzonen sind geographisch
  geordnet und verlaufen von Norden
  nach Süden. Welche der 7 Großstädte
  – Düsseldorf, Frankfurt, Hamburg,
  Hannover, Köln, München, Stuttgart –
  bilden die folgenden Zonen:

  1000 Berlin

  2000 _____

  3000 _____

  4000 _____

  5000 _____

  6000 _____

  7000 _____

  8000 _____

9 Im deutschsprachigen Raum verwendet man Schreibmaschinen mit
der Tastatur . . .
a) AZERTY
b) QWERTZ
c) QWERTY
d) QWARTZ
e) ATERZY

10 Ein *Formblatt* oder *Formular* ist ein . . .
a) Vordruck
b) Umdruck
c) Abdruck
d) Eindruck
e) Ausdruck

11 Wie heißen diese Zeichen?

a) :	1. Doppelpunkt	a)
b) –	2. Schrägstrich	b)
c) /	3. Paragraph	c)
d) §	4. Ausrufezeichen	d)
e) !	5. Bindestrich	e)

12 Wird ein Brief mit einer Kopie
geschrieben, so kann man statt *Kopie*
auch sagen:

a) Umschlag
b) Durchschlag
c) Ausschlag
d) Abschlag
e) Vorschlag

13 Wie schreiben Sie
*fünftausenddreihundertachtundzwanzig
Mark dreißig?*
a) 5 328,30 DM
b) DM 5,328.30
c) 5.328 Mark 30
d) 5 328 Mark 30 Pfennig
e) 5 328.30 DM

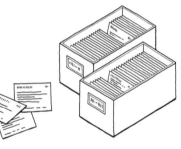

14 Eine Sammlung von Aufzeichnungen
auf Zetteln oder Karten nennt man . . .
a) Karton
b) Kartell
c) Kartei
d) Kartung
e) Kartenspiel

15 Das Papierformat DIN A6 ist größer als
das Format DIN A5.
Richtig (R) oder falsch (F)?

Arbeitsplatz Fabrik

1 Wie heißen diese Werkzeuge?

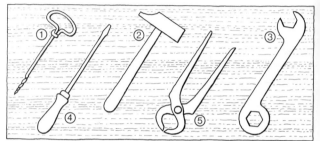

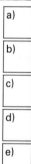

a) Schraubenzieher

b) Hammer

c) Schraubenschlüssel

d) Beißzange

e) Bohrer

2 Wer hat es sehr eilig?
   a) Fritz trifft immer den Nagel auf den Kopf.
   b) Anni brennt die Arbeit auf den Nägeln.
   c) Emil will seine Arbeit an den Nagel hängen.

d) Elli hat nicht das Schwarze unter dem Nagel.
e) Franz nimmt, was nicht niet- und nagelfest ist.

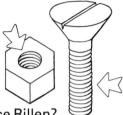

3 Wie bezeichnet man diese Rillen?
   a) Winde
   b) Wind
   c) Windel
   d) Gewand
   e) Gewinde

4 Das ist . . .
   a) ein Triebwerk
   b) ein Getriebe
   c) ein Treiber
   d) eine Triebfeder
   e) Treibstoff

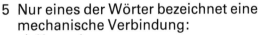

5 Nur eines der Wörter bezeichnet eine mechanische Verbindung:
   a) Kuppel
   b) Kuppe
   c) Kupon
   d) Kupplung
   e) Kuppelei

6 Eine Werkzeugmaschine stellt Werkzeuge her.
   Richtig (R) oder falsch (F)?

7 Ein *Roboter* ist ein . . .
   a) Handarbeiter
   b) Handhabungsautomat
   c) Handlungsgehilfe
   d) Maschinenmonteur
   e) handbetriebener Apparat

8 Wenn eine Maschine fertig montiert
   ist, macht man . . .
   a) einen Vorlauf
   b) eine Laufprobe
   c) einen Betriebsausflug
   d) einen Probelauf
   e) einen Anlauf

9 Die Einsatz- oder Arbeitsfähigkeit
   einer Maschine ist zeitlich begrenzt.
   Die Zeit, während der sie einsatzfähig
   ist, heißt . . .
   a) Leben
   b) Lebenserwartung
   c) Lebensdauer
   d) Erlebnis
   e) Belebung

10 Welches Wort paßt nicht in die Reihe?
   a) Betriebswirt
   b) Betriebsrat

  c) Betriebsleiter
  d) Betriebsnudel
  e) Betriebsberater

1 Was kann man auch für *Produktion/
   Leistung einer Maschine* sagen?
   a) Auspuff
   b) Ausstoß
   c) Ausschuß
   d) Ausschank
   e) Ausguß

2 Die Verben *fertigen* und *fertigstellen*
   sind synonym.
   Richtig (R) oder falsch (F)?

3 Wenn jemand sagt: *Morgen mache
   ich blau,* dann will er . . .
   a) morgen nicht zur Arbeit gehen
   b) sich morgen betrinken
   c) morgen Urlaub nehmen
   d) morgen eine Fahrt ins Blaue
      machen
   e) morgen Blaubeeren sammeln

4 Ein Arbeiter leistet *Akkordarbeit,* das
   heißt . . .
   a) er ist mit seiner Arbeit zufrieden
   b) er wird nach seiner Leistung (nicht
      nach Zeit) bezahlt
   c) er hat besonders günstige
      Arbeitsbedingungen
   d) er arbeitet sehr sorgfältig
   e) er arbeitet in einer Gruppe

15 *Rüstzeiten* entstehen . . .
   a) am Wochenende
   b) während der Betriebsferien
   c) in der Rüstungsindustrie
   d) bei der Arbeitsvorbereitung
   e) bei der Beseitigung von Roststellen

Handelsgesellschaften

1 Wo ist die Anmeldung einer neu-
  gegründeten Unternehmung nicht
  nötig?
   a) im Handelsregister
   b) bei der Industrie- und
      Handelskammer (IHK)
   c) beim Standesamt
   d) beim Finanzamt
   e) bei der Berufsgenossenschaft

2 Unterscheiden Sie nach
  Einzelunternehmung (1),
  Personengesellschaft (2) und
  Kapitalgesellschaft (3):
   a) Maschinenfabrik Stahl AG
   b) Schuhhaus Stiefel & Knecht
   c) Langenscheidt KG
   d) Papiergroßhandlung Franz
      Bütten
   e) Adam Riese GmbH

1	1
2	2
3	3

3 Wie heißen die Gesellschafter einer
Kommanditgesellschaft?
  a) Kommanditist und Komplementär
  b) Kommandeur und Kommodore
  c) Kommanditist und Kommilitone
  d) Kommandant und Konkurrent
  e) Kommanditist und Koordinator

4 Das leitende Organ einer AG heißt . . .
  a) Aufsichtsrat
  b) Vorstand
  c) Betriebsrat
  d) Vorsteher
  e) Geschäftsträger

5 Eine *Aktiengesellschaft* ist keine
natürliche, sondern eine juristische . . .
  a) Persönlichkeit
  b) Figur
  c) Gestalt
  d) Person
  e) Personalie

6 Wer eine Aktie besitzt, ist . . .
  a) Aktienär
  b) Auktionator
  c) Auktionär
  d) Aktionär
  e) Aktionator

7 Die Zerlegung des Aktienkapitals in Aktien mit kleinerem Nennwert (meist 50,– DM) nennt man . . .
a) Bestückung
b) Stückelung
c) Aufschnitt
d) Verschnitt
e) Verkleinerung

8 Wer erhält welche Vergütung?
a) Vorstand   1. Tantieme

b) Aufsichtsrat   2. Zinsen

c) Gesellschafter 3. Gehalt und Tantieme

d) Obligationär   4. Dividende

e) Aktionär   5. Gewinnanteil

a)

b)

c)

d)

e)

9 Wenn Dividende an die Aktionäre gezahlt wird, spricht man auch von . . .
a) Dividende ausgießen
b) Dividende ausschütten
c) Dividende aus dem Ärmel schütteln
d) Dividende ausleeren
e) Dividende ausschütteln

10 Was gehört zusammen?

a) Konkurs   1. bilden

b) Rücklagen   2. anmelden

c) eine Bilanz   3. verteilen

d) Aktien   4. ausgeben

e) Gewinn   5. aufstellen

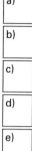

11 Das Geschäftsjahr einer Unternehmung muß dem Kalenderjahr entsprechen.
Richtig (R) oder falsch (F)?

12 Was können Zinsen nicht?
a) sinken
b) steigen
c) senken
d) wachsen
e) fallen

13 *Rückläufige Gewinne* sind das Gegenteil von *vorläufigen Gewinnen.*
Richtig (R) oder falsch (F)?

14 Gehören die Lieferwagen eines Transportunternehmens zum . . .?
a) Anlagevermögen
b) Umlaufvermögen

15 Die Wertminderung von Anlagevermögen (z. B. Gebäuden,
   Maschinen) wird im Jahresabschluß
   berücksichtigt. Man spricht von . . .
   a) Fortschreibung
   b) Abschrift
   c) Abschreibung
   d) Minderwertigkeit
   e) Abwertung

Mitarbeiter des Kaufmanns

1 Ein *Spitzenverkäufer*
   a) bezieht ein Spitzengehalt
   b) ist ein sehr erfolgreicher Verkäufer
   c) verkauft Spitzen und Spitzendecken
   d) wird nur saisonal – z. B. vor
      Weihnachten – im Verkauf
      beschäftigt
   e) hat eine Führungsposition

2 In welchem Fall stimmt der Plural
   nicht?
   a) Fachmann – Fachleute
   b) Ehemann – Eheleute
   c) Geschäftsmann – Geschäftsleute
   d) Seemann – Seeleute
   e) Kaufmann – Kaufleute

3 Das ist eine . . .
   a) Stenorette
   b) Stenotypistin
   c) Phonotypistin
   d) Phonologin
   e) Stenographin

4 Welchen *Wirt* gibt es nicht?
   a) Gastwirt
   b) Betriebswirt
   c) Volkswirt
   d) Hauswirt
   e) Bewirt

5 Ein kaufmännischer Angestellter, der
  Prokura besitzt, heißt . . .
   a) Prokurator
   b) Prorektor
   c) Prokureur
   d) Prokurist
   e) Prokurant

6 Eine der folgenden Abkürzungen
   schreibt man nur mit einem Punkt:
   a) d. h.
   b) p. p. a.
   c) u. a.
   d) v. H.
   e) z. Z.

7 Das Wort *Azubi* . . .
   a) ist in der Umgangssprache ein
      Ausdruck für Gastarbeiter
   b) gibt es gar nicht
   c) steht für besonders hübsches
      junges Mädchen
   d) wird verwendet für in Ausbildung
      stehende junge Leute
   e) ist ein türkischer Vorname

8 Wer *Lehrgeld* zahlt, . . .
   a) ist Lehrling
   b) wird zum Lehrer ausgebildet
   c) lernt aus seinen Fehlern
   d) hat einen Lehrstuhl bekommen
   e) geht in eine Privatschule

9 Wer ist kein Mitarbeiter des
   Kaufmanns?
   a) der Ladenhüter
   b) der Lagerverwalter
   c) der Buchprüfer
   d) der Vertriebsleiter
   e) der Steuerberater

10 Ein Makler arbeitet . . .
   a) im eigenen Namen auf fremde
      Rechnung
   b) im eigenen Namen auf eigene
      Rechnung
   c) im fremden Namen auf eigene
      Rechnung
   d) ohne Namen auf fremde Rechnung
   e) im fremden Namen auf fremde
      Rechnung

11 Mit der Abkürzung *i. V.* vor dem
   Namen unterschreibt:
   a) der Handelsvertreter
   b) der Handlungsbevollmächtigte
   c) der Handlungsreisende
   d) der Vorstandsvorsitzende
   e) der verantwortliche Sachbearbeiter

12 Ein Handelsvertreter erhält für seine
   Tätigkeit . . .
   a) ein Fixum
   b) ein Honorar
   c) eine Kommission
   d) eine Promotion
   e) eine Provision

13 *Herr Wagner ist bei uns für die*
   Buchführung zuständig. Er ist . . .
   a) Bücherwurm
   b) Buchhalter
   c) Buchführer
   d) Buchhändler
   e) Buchmacher

14 Welches Begriffspaar gibt es nicht?
   a) Einzelhändler – Großhändler
   b) Einzelzimmer – Doppelzimmer
   c) Einzelprokura – Gesamtprokura
   d) Einzelkosten – Gemeinkosten
   e) Einzelzahl – Mehrzahl

15 Welche dieser Personen kann nicht
   mein Chef im Betrieb sein?
   a) der Vorsitzende
   b) der Vorstand
   c) der Vorsteher
   d) der Vorgesetzte
   e) der Vormund

Arbeitsverhältnis

1 Sie suchen eine Stelle. Unter welcher
  Rubrik im Anzeigenteil einer Zeitung
  sehen Sie nach?
  a) Stellengesuche
  b) Stellensuche
  c) Stellenangebote
  d) Stellen
  e) Stellennachfrage

2 Welche Präposition ist richtig?
Ich möchte mich . . . die
ausgeschriebene Stelle bewerben.
a) an
b) wegen
c) für
d) um
e) auf

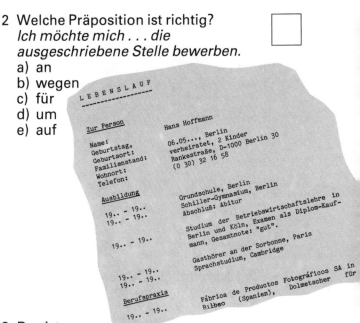

LEBENSLAUF

Zur Person

Name: Hans Hoffmann
Geburtstag,   06.05...., Berlin
Geburtsort: verheiratet, 2 Kinder
Familienstand: Rankestraße, D-1000 Berlin 30
Wohnort: (0 30) 32 16 58
Telefon:

Ausbildung

19.. - 19..   Grundschule, Berlin
19.. - 19..   Schiller-Gymnasium, Berlin
                       Abschluß: Abitur

19.. - 19..   Studium der Betriebswirtschaftslehre in
                       Berlin und Köln, Examen als Diplom-Kauf-
                       mann, Gesamtnote: "gut".

                       Gasthörer an der Sorbonne, Paris
                       Sprachstudium, Cambridge

19.. - 19..
19.. - 19..   Fábrica de Productos Fotográficos SA in
Berufspraxis   Bilbao (Spanien), Dolmetscher für

19.. - 19..

3 Das ist . . .
a) ein Lebenslaufformular
b) ein förmlicher Lebenslauf
c) eine Lebenslauftabelle
d) ein formvollendeter Lebenslauf
e) ein tabellarischer Lebenslauf

4 Zu den Bewerbungsunterlagen
gehören Lebenslauf, Zeugniskopien
und . . .
a) Belichtung
b) Lichtpause
c) Lichtbild
d) Lichtung
e) Ablichtung

5 Leute, die häufig ihre Stelle wechseln,
   heißen . . .
   a) Springer
   b) Läufer
   c) Aufsteiger
   d) Aussteiger
   e) Umsteiger

6 Welches Wort paßt nicht zu den
   anderen?
   a) Lohn
   b) Preis
   c) Gehalt
   d) Bezüge
   e) Honorar

7 Vom *Lohn* wird die *Lohnsteuer*
   abgezogen, vom *Gehalt* die
   Gehaltssteuer.
   Richtig (R) oder falsch (F)?

8 Wer von seinem Arbeitgeber eine
   Weihnachtsgratifikation erhält,
   bekommt . . .
   a) eine Weihnachtskarte
   b) Dank zu Weihnachten
   c) Geld zu Weihnachten
   d) gute Wünsche zu Weihnachten
   e) einen zusätzlichen
      Weihnachtsfeiertag

9 Paul *hat die Arbeit nicht erfunden;*
   d. h. er . . .
   a) arbeitet nicht gern
   b) weiß nicht, was er arbeiten soll

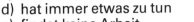

c) ist arbeitslos
d) hat immer etwas zu tun
e) findet keine Arbeit

10 Was ist ein *Lehrgang* nicht?
   a) ein Kurs
   b) eine Fortbildungsveranstaltung
   c) einer der Gänge beim Auto
   d) eine Schulung
   e) eine Kurzausbildung

11 Der Chef sagt zum Angestellten:
   Sie sind fristlos . . . .
   a) verlassen
   b) weglassen
   c) unterlassen
   d) entlassen
   e) erlassen

12 Jemanden *pensionieren* bedeutet . . .
   a) jemanden zur Erholung in ein
      Fremdenheim schicken
   b) jemanden zur Weiterbildung in eine
      Schule schicken
   c) jemanden nach Erreichen der
      Altersgrenze in den Ruhestand
      entlassen
   d) Feriengäste mit Frühstück, Mittag-
      und Abendessen versorgen
   e) ein junges Mädchen gegen Hilfe im
      Haushalt bei sich aufnehmen

13 Sie lesen im Prospekt eines
   Sprachinstituts:
   *Die Kosten für Unterkunft und
   Verpflegung sind in den
   Kursgebühren nicht enthalten.*
   Was versteht man unter *Verpflegung?*
   a) Pflege im Fall von Krankheit
   b) Versorgung mit Essen
   c) sorgfältige Behandlung
   d) Betreuung in der Freizeit
   e) ärztliche Behandlung

14 Ein Angestellter, der *einschlägige
   Erfahrung* besitzt, hat . . .
   a) bei seinen Vorgesetzten gut
      eingeschlagen
   b) Erfahrung in vielen Bereichen
   c) Erfahrung in der Gestaltung von
      Bucheinbänden
   d) unschlagbare Vorzüge
   e) Erfahrung auf einem bestimmten
      Fachgebiet

15 Wenn ein Arbeitnehmer *vorzeitig aus
   dem Berufsleben ausscheidet,* spricht
   man von . . .
   a) die Altersgrenze vorziehen
   b) die Altersgrenze bevorzugen
   c) die Altersgrenze vornehmen
   d) die Altersgrenze vorsetzen
   e) die Altersgrenze vorstellen

Arbeitgeber – Arbeitnehmer

1 Bei welchem Wort ist das Fugen-s
falsch?
a) Arbeitsdirektor
b) Arbeitsnehmer
c) Arbeitskampf
d) Arbeitszeit
e) Arbeitskraft

2 Eine Vereinigung von Arbeitnehmern
nennt man . . .
a) Gewerkschaft
b) Belegschaft
c) Gesellschaft
d) Arbeiterschaft
e) Leidenschaft

3 Welche der Abkürzungen bezeichnet
die größte deutsche Arbeitnehmervereinigung?
a) DGB
b) BDA
c) BGB
d) DAG
e) DRK

4 Die *Tarifrunde* ist eine Besprechung
zwischen Arbeitnehmern und
Arbeitgebern am runden Tisch.
Richtig (R) oder falsch (F)?

5 Beim *Tarifvertrag* handelt es sich
um . . .
   a) einen Vertrag über Postgebühren
   b) einen Vertrag, der die Höhe des
      Zolls festlegt
   c) einen Vertrag, der Lohn und
      Arbeitsbedingungen regelt
   d) ein Abkommen der Spediteure über
      Frachttarife
   e) steuerliche Abmachungen
      zwischen Staat und Wirtschaft

6 Was wird im Rahmen- oder
   Manteltarifvertrag nicht geregelt?
   a) Urlaub
   b) Arbeitszeit
   c) Überstundenzuschlag
   d) Lohn und Gehalt
   e) Kündigungsfrist

7 In dieser Fabrik wird heute . . .
   a) gestrickt
   b) gestrichen
   c) gestreikt
   d) gestritten
   e) gestreckt

8 Welcher Begriff paßt nicht zu den anderen?
   a) Bummelstreik
   b) wilder Streik
   c) Warnstreik
   d) Hungerstreik
   e) Generalstreik

9 Wenn die Gewerkschaft zum Streik aufgerufen hat, stellt sie vor den Werkseingang . . .
   a) einen Tormann
   b) einen Ladenhüter
   c) einen Streikposten
   d) eine Wache
   e) einen Rausschmeißer

10 Im Arbeitskampf kann der Arbeitgeber seinen Betrieb schließen, so daß die Arbeitnehmer nicht zur Arbeit gehen können. Man nennt dies . . .
   a) Arbeitsniederlegung
   b) Entlassung
   c) Arbeitsschluß
   d) Betriebsferien
   e) Aussperrung

11 Welches ist der übergeordnete Begriff?
   a) Krankenversicherung
   b) Sozialversicherung
   c) Unfallversicherung
   d) Arbeitslosenversicherung
   e) Rentenversicherung

12 Die Beiträge zur Arbeitslosenversicherung werden gezahlt . . .
   a) vom Arbeitgeber
   b) vom Arbeitnehmer
   c) vom Staat
   d) von Arbeitgeber und Arbeitnehmer
      je zur Hälfte
   e) je ein Drittel von Staat, Arbeitgeber
      und Arbeitnehmer

13 Die Ausgaben, die dem Arbeitgeber
   zusätzlich zu Lohn/Gehalt entstehen,
   heißen . . .
   a) vermögenswirksame Leistungen
   b) Lohnnebenkosten
   c) Sozialleistungen
   d) Gewinnanteile
   e) Tantiemen

14 Ein Arbeitsvertrag kann von beiden
   Seiten gelöst werden. Das passende
   Verb dafür heißt . . .
   a) künden
   b) kündigen
   c) kundtun
   d) kundgeben
   e) erkundigen

15 Arbeitsverträge haben im allgemeinen
   eine Kündigungsfrist von 6 Wochen
   . . . Quartalsende.

a) am
b) bis
c) vor
d) zum
e) bei

Zahlungsverkehr

---

1 Die Rechnung muß am 15. 7. bezahlt
werden, d. h. sie ist am 15. 7. . . .
a) verfehlt
b) erfüllt
c) fällig
d) gefällig
e) völlig

2 Wer *bargeldlos* zahlt, . . .
a) erhält einen Überbrückungskredit
b) zahlt mit Scheck
c) überweist den Rechnungsbetrag
d) verwendet nur Banknoten
e) läßt anschreiben

3 *Ratenzahlung* bedeutet . . .
a) Zahlung für Ratschläge
b) Zahlung in Teilbeträgen
c) Zahlung von Gebühren
d) Zahlung mit variablem Zinssatz
e) Zahlung für Beratertätigkeit

4 Was bedeuten die vier Abkürzungen?
PSchA
Ffm
(BLZ 500 100 60)
Kto.-Nr. 203 27-605

_____

_____

_____

_____

5 Unser Kunde kann seine Rechnung
nicht bezahlen. Er ist . . .
a) unentgeltlich
b) kostenlos
c) unbezahlbar
d) zahlungsunfähig
e) unmittelbar

6 Nur eines der folgenden Begriffspaare
hat nichts mit der Buchhaltung zu tun:
a) Gläubiger – Schuldner
b) Forderungen – Verbindlichkeiten
c) Soll – Haben
d) Sein – Nichtsein
e) Aktiva – Passiva

7 Das Gegenteil einer _Gutschrift_
(wodurch sich das Konto erhöht) ist
eine . . .

a) Schlechtschrift
b) Lastschrift
c) Belastungsschrift
d) Abschrift
e) Überschrift

8 Wie heißt das Verb zu *Lastschrift?*
Ein Konto . . .
a) beladen
b) belästigen
c) belasten
d) belassen
e) zur Last fallen

9 Die Differenz zwischen den zwei
Seiten eines Kontos heißt . . .
a) Salto
b) Salve
c) Sold
d) Silo
e) Saldo

10 Der Bankkunde sagt: *Ich habe leider
kein Geld mehr auf dem Konto. Kann
ich einen . . . bekommen?*
a) Überwindungskredit
b) Umzugskredit
c) Überziehungskredit
d) Beziehungskredit
e) Vorzugskredit

11 Nach jeder Kontobewegung schickt
die Bank dem Kunden einen . . .
 a) Kontoauszug
 b) Kontoextrakt
 c) Kontoabzug
 d) Kontenrahmen
 e) Kontostand

12 Der Bankkunde braucht Geld.
Er sagt: *Ich möchte 1000 DM . . .*
 a) vornehmen
 b) weghaben
 c) mitziehen
 d) abheben
 e) zurücknehmen

13 Welchen *Satz* kann man nicht
erhöhen?
 a) Diskontsatz
 b) Nebensatz
 c) Prozentsatz
 d) Absatz
 e) Zinssatz

14 Wer eine *Bürgschaft* übernimmt,
ist . . .
 a) Bürgschafter
 b) Bürger
 c) Bürgerlicher
 d) Bürge
 e) Bürgermeister

15 Wenn ein Wechsel zu Protest geht,
   wurde er . . .
   a) nicht versteuert
   b) nicht ausgestellt
   c) nicht diskontiert
   d) nicht eingelöst
   e) nicht verlängert

Banken, Börsen, Versicherungen

1 Welche *Bank* paßt nicht in die Reihe?
   a) Geschäftsbank
   b) Hausbank
   c) Volksbank
   d) Sandbank
   e) Hypothekenbank

2 Die Differenz zwischen Habenzinsen
   und Sollzinsen nennt man . . .
   a) Zinsgefälle
   b) Handelsspanne
   c) Zinsspanne
   d) Zinseszinsen
   e) Zinsfuß

3 Ein *laufendes Konto* ist ein *Girokonto*.
   Richtig (R) oder falsch (F)?

4 *Buchgeld* ist ein anderes Wort für . . .
 a) Geld für die Anschaffung von
    Büchern
 b) ein Guthaben auf der Bank
 c) das Honorar des Buchprüfers
 d) Bankspesen
 e) Buchungsgebühren

5 Was bedeutet *Diskontsatz?*
 a) der Nachlaß in einem Discounthaus
 b) ein verkürzter Nebensatz
 c) Zinsen für die Inanspruchnahme
    eines Kredits
 d) der offizielle Zinssatz für die
    Inzahlungnahme von Wechseln
 e) Eintrittsgeld in eine Diskothek

6 Wenn jemand Papiere *abstoßen* will,
  heißt das, er will sie . . .
 a) wegwerfen
 b) verschenken
 c) vererben
 d) abzahlen
 e) verkaufen

7 Ein *Börsenplatz* ist . . .
 a) der Platz vor der Börse
 b) eine Stadt mit einer Börse
 c) ein Sitz in einer Börse
 d) der Platz, auf dem eine Börse
    stattfindet
 e) ein Börsenkrach

8 Welches Wort paßt nicht zu den anderen?
   a) Devisenbörse
   b) Wertpapierbörse
   c) Warenbörse
   d) Aktienbörse
   e) Geldbörse

9 Börsengeschäfte werden häufig im Auftrag Dritter getätigt. Wie heißt die für den Dritten handelnde Person?
   a) Strohwitwer
   b) Ersatzmann
   c) Hintermann
   d) Strohmann
   e) Strohkopf

10 Die Feststellung der amtlichen Börsenkurse heißt:
   a) Notiz
   b) Notierung
   c) Note
   d) Benotung
   e) Nota

11 Welche Bewegung ist am heftigsten? Wenn Börsenkurse . . .
   a) absacken
   b) abbröckeln
   c) zurückgehen
   d) nachgeben
   e) fallen

12 Welche Person wird bestimmt nicht
zur Beurteilung eines Versicherungs-
falles herangezogen?
a) Sachverständiger
b) Gutachter
c) Experte
d) Prüfer
e) Schiedsrichter

13 Wird ein Schadensfall zwischen den
Parteien, d. h. ohne Einschaltung der
Justiz, geregelt, dann spricht man
von . . .
a) guter Einigung
b) gütlicher Einigung
c) Vergütung
d) Wiedergutmachung
e) Gutdünken

14 Wer durch Dritte einen Schaden
erleidet, hat Anspruch . . .
Schadenersatz.
a) für
b) wegen
c) auf
d) über
e) zwecks

15 Eine Leibrente wird für Schäden an
Körper und Gesundheit gezahlt.
Richtig (R) oder falsch (F)?

Transport und Verkehr

1 Suchen Sie für jedes Transportmittel den passenden Transportweg!
   a) Eisenbahn   1. Straße

   b) Schiff   2. Luft

   c) Flugzeug   3. Schiene

   d) Kraftwagen   4. Wasser

   a)

   b)

   c)

   d)

2 Wie nennt man den Ort, an dem sich mehrere Verkehrslinien kreuzen?
   a) Schnittpunkt
   b) Mittelpunkt
   c) Doppelpunkt
   d) Knotenpunkt
   e) Treffpunkt

3 Die Redewendung *es ist höchste Eisenbahn* bedeutet, . . .
   a) der Zug ist gerade abgefahren
   b) der Zug hat Verspätung
   c) es ist höchste Zeit
   d) es handelt sich um eine Bergbahn
   e) eine Modelleisenbahn ist mein größter Wunsch

4 Wo befindet sich der Koffer?
In einem . . .
a) Schloß
b) Schließfach
c) Schlußfach
d) Schlüsselfach
e) Verschlußfach

5 Ein *Bummelzug* ist ein Zug, der . . .
a) nur auf Nebenstrecken fährt
b) immer Verspätung hat
c) nur an Wochenenden fährt
d) an jeder Station hält
e) nur spät abends fährt

6 Ein Wort paßt nicht in die Reihe:
a) Güterwagen
b) Gütertrennung
c) Güterzug
d) Güterverkehr
e) Güterbahnhof

7 Welche dieser Abkürzungen hat nichts
mit *Verkehr* zu tun?
a) Hbf.
b) LH
c) Lkw
d) IC
e) UKW

8 In welchem Satz ist das Verb falsch
verwendet?
a) In diesem Bergwerk wird
Steinkohle gefördert

b) Tankwagen befördern Erdöl und
   flüssige Chemikalien
c) An Weihnachten muß die Post
   besonders viele Pakete fordern
d) Der Staat fördert den Außenhandel
e) Herr Berg wurde zum
   Oberinspektor befördert

9 Verkäufer Alt sagt zu Käufer Jung:
  *Ich übernehme die
  Beförderungskosten. Ich liefere . . .*
  a) frei Haus
  b) ab hier
  c) ab Fabrik
  d) frachtfrei
  e) frei Bahnhof dort

10 Wofür zahlt man *Rollgeld?*
   a) für die Beförderung von Frachtgut
      von und zur Bahn
   b) für die Überführung eines Autos
      vom Werk zum Wohnsitz
   c) für einen Bahnanschluß auf dem
      Werksgelände
   d) für die Umladung von einem
      Transportmittel auf das andere
   e) für die Start- und Landeerlaubnis
      auf kleinen Flughäfen

11 Was ist ein *Fuhrpark?*
   a) ein öffentlicher Parkplatz
   b) eine Autobahnraststätte
   c) ein Gefährt für kleine Kinder
   d) alle Fahrzeuge eines Betriebs
   e) ein Übungsgelände für Fahrschüler

12 Ein Kaufmann, der ein Güterversand-
unternehmen betreibt, heißt
Spediteur.
Richtig (R) oder falsch (F)?

13 Welche Verpackungsbezeichnung hat
im Plural keinen Umlaut?
a) der Sack – die Säcke
b) der Ballen – die Bällen
c) das Faß – die Fässer
d) der Korb – die Körbe
e) der Verschlag – die Verschläge

14 Welche Aufschrift tragen so markierte
Kisten?
a) Kein Trinkwasser
b) Nicht kippen
c) Kühl aufbewahren
d) Vorsicht Glas
Zerbrechlich
e) Vor Bruch schützen

15 *Warenflußkosten* sind Kosten für die
Beförderung von Gütern auf dem
Wasserweg.
Richtig (R) oder falsch (F)?

Außenwirtschaft

1 Der Welthandel unterliegt den
   Regeln . . .
   a) der Vereinten Nationen
   b) der Vereinigten Staaten
   c) der Europäischen Gemeinschaften
   d) des Allgemeinen Zoll- und Handels-
      abkommens
   e) des Brüsseler Zollrats

2 Welche Organisation ist der Urheber
   des Gemeinsamen Marktes in Europa?
   a) die OECD
   b) die NATO
   c) das GATT
   d) die EWG
   e) der RGW

3 Die *EWG* ist . . .
   a) eine Freihandelszone
   b) eine Zollunion
   c) ein Zollager
   d) eine Handelsgesellschaft
   e) ein Freihafen

4 *Zoll* ist nicht nur ein Instrument der
   Außenwirtschaftspolitik, sondern
   auch eine nichtmetrische Maßeinheit,
   nämlich . . .

a) ein Gewicht
b) eine Stückzahl
c) ein Längenmaß
d) eine Geschwindigkeit
e) ein Raummaß

5 Welcher der Begriffe hat nichts mit
Zoll im Sinne von *Gebühr* zu tun?
a) Zollamt
b) Zollschranke
c) Zollinhaltserklärung
d) Zolltarif
e) Zollstock

6 Einer dieser Begriffe ist kein Instrument der Außenwirtschaftspolitik:
a) Zölle
b) Kontingente
c) Antidumpingabgaben
d) Steuerbescheid
e) Meistbegünstigung

7 Im internationalen Warenverkehr
bedeutet *Veredelung:*
a) Weiterverarbeitung
b) Mengenrabatt
c) Wiederverwendung
d) Einkauf von Rohstoffen
e) Bezahlung mit Edelmetallen

8 *Bilaterale Handelsabkommen* sind . . .
a) zweijährig
b) zweiseitig
c) zweijährlich
d) vielseitig
e) zweideutig

9 Welches Gegensatzpaar ist falsch?
   a) Außenhandel – Innenhandel
   b) Außenpolitik – Innenpolitik
   c) Außendienst – Innendienst
   d) Außenminister – Innenminister
   e) Außenaufnahme – Innenaufnahme

10 Das Verb zum Substantiv *Ausfuhr*
   heißt . . .
   a) ausführen
   b) ausfahren

11 Werden durch eine Aufwertung der
   eigenen Währung . . .
   a) die Ausfuhren billiger und die
      Einfuhren teurer oder
   b) die Ausfuhren teurer und die
      Einfuhren billiger?

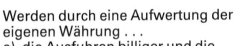

12 Welches ist der übergeordnete
   Begriff?
   a) Handelsbilanz
   b) Zahlungsbilanz
   c) Dienstleistungsbilanz
   d) Leistungsbilanz
   e) Übertragungsbilanz

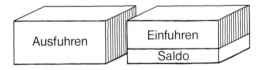

Ausfuhren | Einfuhren
Saldo

13 Wie sagt man hier?
   a) die Handelsbilanz ist aktiv
   b) die Handelsbilanz ist passiv

14 *Magisches Viereck* heißt das
   Anstreben von vier wirtschafts-
   politischen Zielen zur gleichen Zeit.
   Welches der folgenden Ziele gehört
   nicht dazu?
   a) Preisstabilität
   b) Wirtschaftswachstum
   c) hoher Lebensstandard
   d) Vollbeschäftigung
   e) außenwirtschaftliches
      Gleichgewicht

15 *Leistungsbilanz* und
   Dienstleistungsbilanz sind identisch.
   Richtig (R) oder falsch (F)?

Zahlen und Fakten

---

1 Was gehört zusammen?
   a) Solinger   1. Lebkuchen

   b) Frankfurter   2. Leinen

   c) Nürnberger   3. Lederwaren

   d) Bielefelder   4. Schneidwaren

   e) Offenbacher   5. Würstchen

2 Welche Veranstaltung hat Hannover
international bekannt gemacht?
a) das Oktoberfest
b) die Buchmesse
c) die Deutsche Industriemesse
d) die Wagner-Festspiele
e) die Olympiade

3 Eine der Abkürzungen ist kein Name
eines deutschen Industrie-
unternehmens:
a) BASF
b) EDV
c) Degussa
d) WMF
e) MAN

4 Wo befindet sich kein Flughafen?
In . . .
a) München-Riem
b) Frankfurt-Sachsenhausen
c) Berlin-Tempelhof
d) Hamburg-Fuhlsbüttel
e) Düsseldorf-Lohausen

5 Der Mittellandkanal verbindet . . .
a) Nordsee und Ostsee
b) Main und Donau
c) Rhein und Main
d) Ems, Weser und Elbe
e) Rhein und Maas

6 Wo werden diese Autos hergestellt?
   a) Opel   1. Wolfsburg

   b) BMW   2. München

   c) Mercedes   3. Rüsselsheim

   d) VW   4. Stuttgart-
         Untertürkheim

   e) Ford   5. Köln

a)

b)

c)

d)

e)

7 Welche Schwarzwälder Spezialitäten gibt es nicht?
   a) Schwarzwälder Kirschtorte
   b) Schwarzwälder Uhren
   c) Schwarzwälder Schinken
   d) Schwarzwälder Kirschwasser
   e) Schwarzwälder Käse

8 Welche Stadt gilt als Bankenzentrum der Bundesrepublik?
   a) Berlin
   b) Düsseldorf
   c) Frankfurt
   d) Bonn
   e) Hamburg

9 Wie heißt die Organisation, der Betriebe eines bestimmten Handwerkszweigs angehören?
   a) Berufsgenossenschaft
   b) Innung

c) Zunft
d) Gilde
e) Handwerkskammer

10 Wer begründete die landwirtschaftlichen Kreditgenossenschaften?
a) Friedrich List
b) Johann Heinrich Pestalozzi
c) Turnvater Jahn
d) Friedrich Wilhelm Raiffeisen
e) Konrad Adenauer

11 Womit befaßt sich der Umweltschutz nicht?
a) Abfall
b) Abfluß
c) Abgas
d) Absatz
e) Abwasser

12 Die Kosten des Umweltschutzes müssen von demjenigen getragen werden, der die Umwelt schädigt. Man spricht hier von . . .
a) Urheberrecht
b) Verursacherprinzip
c) Gesetz von Ursache und Wirkung
d) ursächlichem Zusammenhang
e) Ursprungsregeln

13 *Zonenrandgebiet* heißen . . .
   a) alle Grenzgebiete der
      Bundesrepublik
   b) Grünflächen in der Nähe von
      Großstädten
   c) städtische Fußgängerzonen
   d) ein Gebietsstreifen an der Grenze
      zur DDR
   e) die Hochgebirgszonen oberhalb der
      Baumgrenze

14 1980 waren in der Bundesrepublik
   8,2% der Erwerbsbevölkerung
   Ausländer. Die meisten ausländischen
   Arbeitnehmer sind . . .
   a) Jugoslawen
   b) Italiener
   c) Türken
   d) Griechen
   e) Spanier

15 Der größte Exporteur der Welt sind die
   Vereinigten Staaten. Wer steht an
   zweiter Stelle?
   a) Großbritannien
   b) Japan
   c) Frankreich
   d) die UdSSR
   e) die Bundesrepublik Deutschland

Antworten

Antworten

Kaufmännischer Schriftverkehr

1 **e)** *Konrad-Adenauer-Platz*
   Straßennamen mit nur einem Bestimmungswort
   werden in einem Wort geschrieben, z. B.
   Goethestraße, Neumarkt.
   Getrennt und ohne Bindestrich schreibt man
   Straßennamen, wenn das Bestimmungswort
   dekliniert wird oder von einem geographischen
   Namen abgeleitet ist, z. B. *Lange Gasse, Dieburger
   Landstraße.*

2 **e)** *mit freundlichen Grüßen*
   Andere Abkürzungen sind *fs* für *Fernschreiben,
   mombi* für *(einen) Moment bitte (warten), tln* für
   Teilnehmer.
   Freigrenzen im Steuerrecht bezeichnen Beträge,
   bis zu denen keine Steuern fällig werden.

3 **b)** *Sehr geehrter Herr Schiller!*
   Die Anrede *Liebe(r)* ist unter Freunden und
   Verwandten üblich; *Sehr verehrte(r)* schreibt man
   nur an Damen oder ältere Personen.
   Statt des Ausrufezeichens kann ein Komma
   gesetzt werden. Das erste Wort am Briefanfang
   wird in diesem Fall klein geschrieben.

4 **d)** *Bezuggenommen auf Ihre Anfrage . . .* ist
   falsch.
   Dagegen ist es ohne weiteres möglich, so
   anzufangen: *Wir beziehen uns auf Ihre Anfrage . . .*

5 **a)** **5**: *einen Auftrag erteilen* (= geben)
   b) **4**: *vom Kauf zurücktreten* (= den Kauf
   rückgängig machen)
   c) **1**: *ein Angebot unterbreiten* (= abgeben,
   vorlegen)

d) 6: *einen Rabatt gewähren* (= geben, einräumen)

e) 3: *seinen Bedarf decken* (= befriedigen)

f) 2: *in Geschäftsverbindung treten* (= Verbindung anknüpfen, herstellen)

6 **a)** *Wir bitten Sie, uns ein Angebot zu unterbreiten.*

7 **d)** *das Entgelt*
Entgelt ist eine allgemeine Bezeichnung für Bezahlung, Lohn; das Verb heißt *entgelten*. *Unentgeltlich* bedeutet kostenlos, umsonst.

8 **b)** *ganz und gar nicht*

9 **d)** ist falsch.
Das Substantiv zu *ausführen* ist die *Ausfuhr*; das Verb zu die *Ausfahrt* ist *ausfahren*.

10 **d)** *entgegen*
Man kann auch sagen: *Wir erwarten Ihre baldige Antwort.*

11 Richtig
In diesem Fall unterschreibt gewöhnlich die Person, die den Brief geschrieben hat.

12 **b)** *im Auftrag*
Jemand, der mit dem Zusatz *i. A.* unterschreibt, handelt für den Geschäftsinhaber.

13 **c)** *der Freistempler* (oder *die Frankiermaschine*)
Vorteilhaft ist, daß ein Werbestempel mitgedruckt werden kann.

14 **b)** *die Drucksache*
Drucksache ist eine Postsendungsart zu niedriger Gebühr für gedrucktes und vervielfältigtes Material.
Die Druckschrift, der Katalog, die Broschüre, der Prospekt, das Faltblatt sind Ausdrücke für Prospekt- und Werbematerial.

15 **c)** *bitte wenden*
Der Vermerk *b. w.* steht in der rechten unteren Ecke eines Blatts, wenn die Aufmerksamkeit des Lesers auf die Rückseite gelenkt werden soll.
Als Hinweis auf eine Fortsetzung des Texts auf dem nächsten Blatt genügen drei Punkte.

Werbung

1 **b)** *rühren*
2 **c)** *wird . . . geworben;* *werben* (er *wirbt*), *warb,*
   hat *geworben*
3 Falsch
   Werbung dient der Verkaufsförderung und
   Kundeninformation.
   Ein *Gewerbe* ist eine auf Verdienst gerichtete,
   selbständige Berufstätigkeit. (Landwirtschaftliche
   Betriebe und freie Berufe zählen nicht zu den
   Gewerbebetrieben.)
4 **e)** die *Veröffentlichung*
   Veröffentlichung ist das öffentliche
   Bekanntmachen, aber auch die Bekanntmachung,
   Publikation (Schrift, Buch) selbst.
   Im Vergleich zur Werbung, die verkaufsfördernde
   Ziele hat, dient *Propaganda* der Verbreitung und
   Förderung politischer Ideen.
   Reklame wird gelegentlich im abwertenden,
   negativen Sinne für Werbung verwendet.
   Public Relations (PR), im Deutschen
   Öffentlichkeitsarbeit genannt, dienen der
   Meinungswerbung für das ganze Unternehmen,
   gehen also über die Produktwerbung hinaus.
5 **e)** Richtig: *unlauterer* Mittel
6 Nein
   Vergleichende Werbung ist nach dem Gesetz
   gegen unlauteren Wettbewerb verboten.
7 **d)** *der Preisschlager*
   Preisführer ist das Unternehmen, an dessen
   Preisen sich die Konkurrenten bei ihrer
   Preisgestaltung orientieren; ein *Preisbrecher*
   dagegen unterbietet die Preise der Konkurrenz,
   d. h. er verkauft zu niedrigeren Preisen.
   Der *Preisrichter* ist Mitglied eines Preisgerichts
   und entscheidet darüber, wer einen Preis erhält (=
   Preisträger wird), z. B. bei einem Wettbewerb.

8 **c)** eine besonders billige Ware, die Kunden *anlocken* soll

9 **a)** *das Faltblatt* oder *der Faltprospekt*
Ein *Faltplan* ist ein gefalteter Stadtplan.
Faltpapier braucht man für Bastelarbeiten.
Ein *Falter* ist ein Schmetterling.

10 **d)** *der Werbespruch*
Die *Werbesprache* ist die in der Werbung verwendete Sprache.
Ein *Wahlspruch* ist eine Devise, nach der man handelt.
In *Sprechblasen* steht, was die Personen in Comic strips und Photoromanen denken und sagen.
Ein *Sprichwort* ist eine überlieferte Lebensweisheit, z. B. ,,Morgenstund' hat Gold im Mund''.

11 **c)** *Ernst Litfaß* (1816–1874)
Die *Litfaßsäule* ist eine Anschlagsäule für Plakate und Bekanntmachungen. Die erste wurde 1855 in Berlin aufgestellt.

12 **a)** **4**: *Werbefilm* im *Kino*
b) **1**: *Plakat* an der *Litfaßsäule*
c) **2**: *Anzeige* in der *Zeitung*
d) **5**: *Leuchtreklame* am *Gebäude*
e) **3**: *Werbespot* in *Rundfunk/Fernsehen*

13 Ja
Werbekosten sind Kosten für Werbung.
Werbungskosten verringern das steuerpflichtige Einkommen. Sie umfassen z. B. freiwillige Versicherungsleistungen, Fahrtkosten zur Arbeitsstelle, Ausgaben für Berufskleidung.

14 **e)** *der Renner*
Der *Läufer* ist eine Schachfigur; *Schrittmacher* ist ein Begriff aus dem Radsport; Herz*schrittmacher* unterstützen die Herztätigkeit.

15 **b)** *anbieten und empfehlen*

Kauf und Verkauf

1 **a)** *ein kleines Lebensmittelgeschäft in einer Wohngegend*

2 **d)** *das Warenzeichen*
Das *Warenzeichen* oder die *Marke* kann ein Wort-oder Bildzeichen sein. Es wird beim Patentamt registriert und ist dann geschützt.
Ein *Abzeichen* ist eine Anstecknadel, die die Zugehörigkeit zu einer Organisation o. ä. kennzeichnet; das *Warnzeichen* dient der Warnung (z. B. ein Verkehrszeichen, die Polizeisirene); auf dem *Firmenschild* steht der Name der Firma; ein *Vorzeichen* steht vor einer Zahl (mit negativem oder positivem Vorzeichen = − oder +), kann aber auch *Omen* bedeuten.

3 **e)** *Großabnehmer*
Der *Abnehmer* ist der Kunde. *Grossist* ist ein anderes Wort für *Großhändler*.

4 **b)** *zeitlich beschränkt*
In einem *befristeten* Angebot heißt es z. B.: *Unsere Preise gelten bis zum 31. 8. einschließlich.* Wenn jemand *fristgemäß* oder *termingerecht* liefert, dann liefert er pünktlich zum vereinbarten Liefertermin.

5 **b)** *verbindlich*
Das Gegenteil ist *unverbindlich.* Häufig will sich der Lieferer im Angebot nicht binden und schreibt dann: *Preise freibleibend; solange der Vorrat reicht; ohne Gewähr.*

6 **d)** *er hat uns im Stich gelassen*
Wenn ein Lieferant nicht liefert, gerät er in Lieferungsverzug.
Statt *lassen Sie uns bitte wissen, ob . . .* kann man im Brief auch schreiben *teilen Sie uns bitte mit, ob . . . .*
Wer *alles stehen und liegen läßt,* unterbricht seine Arbeit.

Den Dingen freien Lauf lassen heißt *nicht eingreifen.*

7 **c)** *so schnell wie möglich*
Alle anderen Wendungen sind falsch. Man kann noch sagen: *schnellstmöglich*

8 Falsch
Etwas in Kauf nehmen ist ein idiomatischer Ausdruck und bedeutet *etwas hinnehmen, akzeptieren,* auch wenn es unangenehm ist.
Wer sein altes Auto beim Kauf eines neuen *in Zahlung gibt,* reduziert dadurch den Anschaffungspreis.

9 **e)** *nicht ab Lager*
Die Lieferungsbedingung *ab Lager* heißt: im Preis sind keinerlei Transportkosten enthalten.
Von *vergriffen* spricht man bei nicht mehr lieferbaren Waren, vor allem in Verbindung mit Büchern.

10 **c)** *entwickeln*
abwickeln, ausführen = erledigen;
bestätigen = den ordnungsgemäßen Eingang melden;
erteilen = geben, vergeben.

11 **b)** *die Klausel*
Durch die sog. Freizeichnungsklausel wird ein Angebot unverbindlich (vgl. Antwort 5). Die Preisgleitklausel besagt, daß die Preise dem veränderten Kostenniveau angeglichen werden können.

12 **a)** *die Einwegflasche*
Wenn man eine Flasche kauft, die als Leergut zurückgegeben werden kann, zahlt man ein Flaschenpfand, das bei der Rückgabe zurückerstattet wird.

13 **d)** *das Schaufenster*
Der *Schaukasten* bezeichnet eine kleinere Vitrine, die ebenfalls der Auslage dient.
Steht an einer ausgestellten Ware ein Schild mit der Aufschrift *Schaustück* oder *Ausstellungsstück,*

dann ist diese Ware nicht verkäuflich.
Ein *Schaubild* ist ein Diagramm oder eine
graphische Darstellung.
14 **b)** *unentbehrlich*
15 Falsch
Der *Kauf zur Probe* ist der Testkauf einer kleinen
Menge.
Beim *Kauf auf Probe* hat der Käufer die
Möglichkeit, die Ware wieder zurückzugeben.

Arbeitsplatz Büro

1 **d)** ein Raum, in dem mehrere Büros zusammen-
gefaßt sind
2 **b)** *Telefonfernsprechanlage*
Ein *Telefon* ist eine *Fernsprechanlage.*
Mit *Telefonanschluß* bezeichnet man die
Verbindung mit dem *Telefonnetz.*
Telefongebühren sind die Kosten des
Telefonierens.
3 **d)** und **e)** *Ortskennzahl* = *Vorwählnummer*
Bei der *Telefonnummer* (0 61 51) 29 35 81 ist die
eingeklammerte Zahl die *Ortskennzahl* oder
Vorwählnummer, die Zahl außerhalb der Klammer
die *Rufnummer.* Die *Durchwahlnummer* (=
Rufnummer + Hausanschluß, z. B. 54-13 27) wird
durch Bindestrich von der Rufnummer getrennt.
4 **c)**
Übernehmen ist hier nicht trennbar, es muß also
heißen: *Übernehmen Sie das Gespräch!*
a), b), d) und e) sind übliche Aufforderungen beim
Telefonieren.
5 Richtig
Ein *Ferngespräch* ist ein Gespräch außerhalb des
Ortsnetzes.

6 **e)** *die Nachnahme*
Einschreiben: Die Post bescheinigt die
Einlieferung und läßt sich vom Empfänger den
Erhalt bestätigen.
Wurfsendung: Eine Drucksache wird „An alle
Haushaltungen" innerhalb eines Zustellbezirks
geliefert.
Drucksache: Unverschlossene Sendung
vervielfältigter oder gedruckter Texte.
Wertbrief: Die Post haftet, wenn der Brief
verlorengeht.

7 **c)** Sogenannte *Eingangsstempel* geben immer
das Datum des Posteingangs an, sie können aber
auch Bearbeitungs- und Erledigungsvermerke
enthalten.

8

2000	*Hamburg*	*6000*	*Frankfurt*
3000	*Hannover*	*7000*	*Stuttgart*
4000	*Düsseldorf*	*8000*	*München*
5000	*Köln*		

9 **b)** *QWERTZ*
Die sechs ersten Buchstaben im oberen linken
Buchstabenfeld sind bei Schreibmaschinen im
französischen Sprachraum *AZERTY,* im
angelsächsischen Sprachraum *QWERTY.*

10 **a)** *der Vordruck*
Umdruck ist ein Vervielfältigungsverfahren.
Abdrücke entstehen durch Druck eines Körpers
auf eine Unterlage, z. B. Fingerabdruck,
Gipsabdruck.
Eindruck und *Ausdruck* entsprechen den
Fremdwörtern *Impression* und *Expression.*
Redewendungen mit diesen Wörtern sind z. B.
*einen guten Eindruck machen; zum Ausdruck
bringen.*

11 **a)** 1 = : Doppelpunkt
  b) 5 = – Bindestrich
  c) 2 = / Schrägstrich
  d) 3 = § Paragraph = Abschnitt eines Gesetzes
  e) 4 = ! Ausrufezeichen

12 **b)** *der Durchschlag*
Ein *Umschlag* ist eine Briefhülle; ein *Ausschlag* ist eine Hautkrankheit. Mit *Abschlag* bezeichnet man einen Nachlaß oder Rabatt und mit *Vorschlag* ein Angebot.

13 **a)** *5 328,30 DM*
Die Symbole für Währungseinheiten stehen gewöhnlich hinter dem Betrag. Dezimale Teilungen kennzeichnet man mit dem Komma. Zahlen mit mehr als drei Stellen dürfen durch einen Leerschritt in dreistellige Gruppen gegliedert werden, z. B. *1 379 840,10 DM.*

14 **c)** *die Kartei*
Karton ist ein dickes Papier oder eine Pappe. Ein *Kartell* ist ein Zusammenschluß von Firmen. Ein *Kartenspiel* besteht aus einem Satz Spielkarten.

15 Falsch
Das Ausgangsformat für Briefblätter ist ein Rechteck im Format 841×1189 mm. Durch viermaliges Halbieren der jeweils längeren Seite wird aus diesem Ausgangsformat A0 das Briefblatt DIN A4, daraus das Halbbriefblatt DIN A5 und aus diesem die Postkarte DIN A6. Briefhüllen gehören zum Format DIN B.

Arbeitsplatz Fabrik

1 **a)** **4** : der *Schraubenzieher*; **b)** **2** : der *Hammer*;
c) **3** : der *Schraubenschlüssel*; **d)** **5** : die *Beißzange*; **e)** **1** : der *Bohrer*.
Das *Werkzeug* ist ein Sammelbegriff für handwerkliches Gerät. Ähnlich gebildet sind das *Spielzeug*, das *Nähzeug*.

2 **b)** *jemandem brennt eine Sache auf den Nägeln*
Alle Redewendungen haben übertragene Bedeutung:
den Nagel auf den Kopf treffen = genau das Richtige tun oder sagen;

seine Arbeit, seinen Beruf an den Nagel hängen =
aufgeben;
nicht das Schwarze unter dem Nagel haben =
nichts besitzen;
was nicht niet- und nagelfest ist = was man
mitnehmen kann.

3 **e)** das *Gewinde*
Es gibt Innen- und Außen*gewinde*.
Die *Winde* ist eine Hebevorrichtung für Lasten;
Babys werden in *Windeln* (f) gewickelt; das
Gewand ist ein Kleid, im übertragenen Sinne auch
die äußere Aufmachung.

4 **b)** das *Getriebe*: Zahnräder greifen ineinander;
Triebfeder (f) wird meist im übertragenen Sinne
als *Antrieb*, treibende Kraft verwendet; der
Treibstoff ist die allgemeine Bezeichnung für
Brennstoff zum Antreiben von Motoren. Für
Motoren wird heute zunehmend die Bezeichnung
Triebwerk (n) verwendet, z. B. in Flugzeugen.

5 **d)** die *Kupplung*, z. B. im Auto
Man spricht von Finger*kuppe*, Berg*kuppe* (f) und
der *Kuppel* eines Kirchenbaus; beide Wörter sind
verwandt mit Kopf.
Der *Kupon* ist ein Abschnitt, besonders bei
Wertpapieren.

6 Falsch
Die *Werkzeugmaschine* ist ein maschinelles
Werkzeug, z. B. eine Drehbank.

7 **b)** der *Handhabungsautomat*
Man spricht daneben auch von Robotern.
Der *Handlungsgehilfe* ist ein kaufmännischer
Angesteller.

8 **d)** der *Probelauf*
Bei größeren Anlagen meist verbunden mit der
Abnahme durch den Kunden.
In vielen Unternehmen findet einmal im Jahr ein
Ausflug aller Betriebsangehörigen statt, der sog.
Betriebsausflug. Die Kosten übernimmt im
allgemeinen der Arbeitgeber.

9 **c)** die *Lebensdauer*
Man spricht bei Maschinen und Geräten von kurzer bzw. langer Lebensdauer.

10 **d)** die *Betriebsnudel*; jemand, der besonders lebhaft und lustig ist.
Der *Betriebswirt* hat Betriebswirtschaft studiert; der *Betriebsrat* ist der Vertreter der Arbeitnehmer in einem Unternehmen; dem *Betriebsleiter* untersteht die technische Einheit (Fabrik) eines Unternehmens; ein *Betriebsberater* ist freiberuflich tätig und berät Unternehmen z. B. in Organisations- oder Absatzfragen.

11 **b)** der *Ausstoß*
Einen *Auspuff* findet man am Auto zum Wegleiten der Abgase;
Ausschuß (*m*) ist einmal fehlerhafte Ware, zum anderen die Kommission, das Komitee; mit *Ausschank* (*m*) bezeichnet man die Ausgabe von Getränken, auch die Theke in einer Gastwirtschaft.
Ausguß ist ein anderes Wort für das Abfluß- becken, z. B. in der Küche.

12 Falsch
Fertigen ist gleichbedeutend mit herstellen, produzieren, während *fertigstellen* die Bedeutung von beenden, fertigmachen hat.

13 **a)** *morgen nicht zur Arbeit gehen*
Damit im Zusammenhang steht der Ausdruck *blauer Montag*, wenn man sein Wochenende bis zum Montag verlängert.
Eine *Fahrt ins Blaue* ist eine Fahrt mit unbekann- tem Ziel.

14 **b)** *Der Arbeiter wird nach seiner Leistung bezahlt*; er erhält Akkord- oder Stücklohn; im Gegensatz dazu steht der Zeitlohn.

15 **d)** die Zeit, die man darauf verwendet, Werkzeuge und Maschinen *für eine bestimmte Arbeit einzurichten*.

Handelsgesellschaften

1 **c)** beim *Standesamt*
Das *Standesamt* ist eine Behörde, die u. a.
Geburten, Trauungen und Todesfälle registriert;
das *Handelsregister* = das Verzeichnis aller
Handelsbetriebe und anmeldepflichtigen
Kaufleute (z. B. Prokuristen) beim Amtsgericht;
die *IHK* = Interessenvertretung der Industrie und
des Handels (Zwangsmitgliedschaft!);
das *Finanzamt* = die örtliche Steuerbehörde;
die *Berufsgenossenschaft* = der Träger der
gesetzlichen Unfallversicherung.

2 **d)** = *Einzelunternehmung* (Vor- und Zuname des
Kaufmanns müssen im Namen = Firma enthalten
sein);
b) und **c)** = *Personengesellschaft* (die Firma
enthält entweder die Namen von 2 Gesellschaftern
oder den Zusatz *OHG* = Offene Handelsgesellschaft oder *KG* = Kommanditgesellschaft);
a) und **e)** = *Kapitalgesellschaft*
(Aktiengesellschaft und Gesellschaft mit
beschränkter Haftung).

3 **a)** *Kommanditist* und *Komplementär*
Der *Komplementär* (= Vollhafter) haftet mit seiner
Einlage und mit seinem Privatvermögen, der
Kommanditist (= Teilhafter) dagegen haftet nur
mit seiner Einlage.

4 **b)** der *Vorstand*
Der *Aufsichtsrat*, ein anderes Organ der AG, hat
nur Kontrollfunktion; der *Betriebsrat* ist die
gewählte Vertretung der Arbeitnehmer eines
Betriebs; unter *Vorsteher* versteht man den Leiter
einer Behörde, während der *Geschäftsträger* ein
Amt im diplomatischen Dienst bekleidet.

5 **d)** die *juristische Person*

6 **d)** der *Aktionär*
der *Auktionator* = der Versteigerer.

7 **b)** die *Stückelung*
8 **a)** 3 : der *Vorstand* erhält *Gehalt und Tantieme*
 b) 1 : der *Aufsichtsrat* erhält *Tantieme*
 c) 5 : der *Gesellschafter* erhält einen·
 Gewinnanteil
 d) 2 : der *Obligationär* erhält *Zinsen*
 e) 4 : der *Aktionär* erhält *Dividende*
9 **b)** *Dividende ausschütten*
 jemandem *sein Herz ausschütten* = seine Sorgen
 mitteilen;
 das Kind mit dem Bade ausschütten = zu schnell
 und allgemein urteilen.
10 **a)** 2 : *Konkurs anmelden* = sich als zahlungsunfähig bekennen
 b) 1 : *Rücklagen bilden* = Reserven in die Bilanz
 aufnehmen
 c) 5 : *eine Bilanz aufstellen* = die Aktiva und
 Passiva zusammenstellen
 d) 4 : *Aktien ausgeben* = neue Aktien verkaufen
 e) 3 : *Gewinn verteilen* = über die Verwendung
 des Gewinns bestimmen
11 Falsch
 Statt *Geschäftsjahr* kann man auch *Rechnungsjahr*
 sagen.
12 **c)** *senken*
 Die Verben *sinken, fallen, abnehmen, steigen,
 wachsen, zunehmen* sind intransitiv: die Gewinne
 nehmen ab.
 Transitiv sind *senken, herabsetzen, steigern,
 erhöhen:* der Staat *senkt* die Steuern.
13 Falsch
 Das Gegenteil von *rückläufig* ist steigend.
 Vorläufig bedeutet einstweilen (*Adv.*),
 provisorisch (*Adj.*).
14 **a)** das *Anlagevermögen*
 Lieferwagen gehören zum *Anlagevermögen* wie
 auch Gebäude, Maschinen usw. Das
 Umlaufvermögen ist kurzfristig verfügbar, wie
 z. B. Waren, Bankguthaben, Kassenbestände.

15 **c)** die *Abschreibung*
Wenn der Wechselkurs einer Währung neu
festgesetzt wird, spricht man von *Ab-* bzw.
Aufwertung.

Mitarbeiter des Kaufmanns

1 **b)** der *Spitzenverkäufer* ist ein sehr erfolgreicher
Verkäufer, der in der Regel auch ein *Spitzengehalt*,
d. h. ein überdurchschnittliches Gehalt, bezieht.
Von *Verkaufsspitzen* spricht man bei lebhafter
Verkaufstätigkeit, etwa im Saisongeschäft; die
Konzernspitze ist die Konzernleitung.

2 **b)** der Plural heißt: *Ehemänner*
Eheleute verwendet man statt Ehepaar.

3 **c)** die *Phonotypistin*; sie schreibt vom Diktiergerät
in die Maschine.
Eine *Stenorette* ist ein Diktiergerät; die
Stenotypistin nimmt Stenogramme auf und
überträgt sie in Maschinenschrift. *Stenographen*
gibt es u. a. im Parlament.

4 **e)** der *Bewirt*
Der *Gastwirt* führt eine Gastwirtschaft; *Volks- und
Betriebswirt* haben Wirtschaftswissenschaften
studiert; der *Hauswirt* ist der Haus- oder
Wohnungsvermieter.

5 **d)** der *Prokurist*. Er ist Bevollmächtigter des
Geschäftsinhabers und kann für diesen handeln.
Der *Prorektor* ist der Stellvertreter des Rektors
einer Universität.

6 **b)** *ppa.* = per procura. Diese Abkürzung setzt der
Prokurist vor seine Unterschrift.
Die anderen Abkürzungen bedeuten: *d. h.* = das
heißt; *u. a.* = unter anderem; *v. H.* = vom Hundert
(%); *z. Z.* = zur Zeit (gegenwärtig)

7 **d)** *Azubi* ist die umgangssprachliche Abkürzung
von *Auszubi*ldender; so heißt im Gesetz die

Person, die im Betrieb ausgebildet wird (früher, und noch heute im Handwerk: der *Lehrling*).

8 **c)** *lernt aus seinen Fehlern*
Ein Universitätsprofessor hat einen *Lehrstuhl* inne; für Privatschulen zahlt man Schulgeld.

9 **a)** der *Ladenhüter*. Mit *Ladenhüter* bezeichnet man eine Ware, die keinen Käufer findet.
Dem *Lagerverwalter* untersteht das Lager; *Buchprüfer* und *Steuerberater* sind selbständig arbeitende Sachverständige für das Buchhaltungs- und Steuerwesen; der *Vertriebsleiter* = der Verkaufsleiter.

10 **e)** *im fremden Namen auf fremde Rechnung*, d. h. er vermittelt nur ein Geschäft zwischen Vertragsparteien. Für seine Tätigkeit erhält er eine *Maklergebühr* (Courtage). Es gibt Waren*makler*, Kurs*makler*, Wohnungs*makler*.
Im eigenen Namen, aber auf fremde Rechnung arbeitet der *Kommissionär*.

11 **b)** der *Handlungsbevollmächtigte*. Er besitzt *Handlungsvollmacht*.
Der *Handelsvertreter* ist ein selbständiger Kaufmann, der für einen Auftraggeber Geschäfte vermittelt oder abschließt. Der *Handlungsreisende* dagegen ist ein Angestellter im Außendienst. Den *Vorstandsvorsitzenden* gibt es bei der Aktiengesellschaft; er wird von den anderen Vorstandsmitgliedern gewählt. *Sachbearbeiter* sind in Unternehmen oder in Behörden für ein bestimmtes Arbeitsgebiet zuständig.

12 **e)** eine *Provision*
Der Handlungsreisende bekommt meist ein *Fixum* und eine *Provision*; das *Honorar* ist ein Entgelt für Leistungen des Arztes oder des Rechtsanwalts; von *Promotion* spricht man bei der Verkaufsförderung; an der Universität bedeutet *Promotion* die Verleihung des Doktorgrads (er ist promovierter Jurist heißt, er besitzt den Grad Dr. iur.).

13 **b)** der *Buchhalter*
Bücherwurm nennt man umgangssprachlich
einen Bücherliebhaber; der *Buchmacher* ist ein
Wettunternehmer; der *Buchhändler* arbeitet in
einem Verlag oder in einer Buchhandlung.

14 **e)** Richtig: *Einzahl* und *Mehrzahl*
Bei *Gesamtprokura* kann der Prokurist nicht allein
unterschreiben. *Einzelkosten* können einem
Produkt direkt zugerechnet werden;
Gemeinkosten können das nicht, sie fallen für den
Betrieb insgesamt an.

15 **e)** der *Vormund*. Er ist der Vertreter von
Minderjährigen.

Arbeitsverhältnis

1 **c)** *Stellenangebote*
Man findet dafür auch die Überschrift *Freie Stellen*
oder *Offene Stellen*. Die Rubrik *Stellengesuche*
umfaßt die Anzeigen von Personen, die Stellen
suchen. Der Ausdruck *auf Stellensuche sein* heißt,
daß man sich nach einer Arbeit umsieht.

2 **d)** *um*
Man bewirbt sich *um* eine Stelle, aber *auf* eine
Anzeige.

3 **e)** der *tabellarische Lebenslauf*
Er ist übersichtlich und enthält alle Informationen
in knapper Form.
Im Gegensatz dazu steht der *erzählende
Lebenslauf*.

4 **c)** das *Lichtbild* = die Photographie, das Photo
die *Belichtung* = die Lichteinwirkung beim
Photographieren
die *Lichtpause* = die im Lichtpausverfahren
hergestellte Kopie (meist einer Zeichnung)
die *Lichtung* = eine Stelle im Wald, an der keine
Bäume stehen

die *Ablichtung* = deutsches Wort für Photokopie

5 **a)** *Springer*

Springer suchen durch häufigen Arbeitsplatz-
wechsel eine Gehaltsverbesserung und einen
schnellen Aufstieg zu erreichen.

der *Läufer* = eine Schachfigur,

der *Aufsteiger* ist jemand, der schnell Karriere
macht.

Umsteigen wird umgangssprachlich für *seine
Tätigkeit, seinen Beruf wechseln* verwendet und
für *den Zug wechseln*. Ein *Aussteiger* ist jemand,
der sich nicht länger den gesellschaftlichen
Zwängen beugen will, Beruf und Karriere aufgibt
und das „einfache Leben" sucht.

6 **b)** der *Preis*

Der *Lohn*, das *Gehalt*, die *Bezüge*, das *Honorar*
bezeichnen die Bezahlung einer Arbeit; der *Preis*
ist der (in Geld ausgedrückte) Wert einer Ware.

7 Falsch

Die *Lohnsteuer* ist die Steuer auf abhängige
Einkommen, also sowohl auf Lohn wie auf Gehalt.
Sie wird vom Arbeitgeber einbehalten und direkt
an das Finanzamt abgeführt.

8 **c)** Geld zu Weihnachten

Die *Weihnachtsgratifikation* ist grundsätzlich eine
freiwillige Zahlung des Arbeitgebers.

9 **a)** *er arbeitet nicht gern*

Die Redewendung *er hat das Pulver nicht
erfunden* verwendet man für jemanden, der nicht
sehr intelligent ist.

10 **c)** ein *Lehrgang* ist nicht einer der Gänge beim
Auto (= der *Leer*lauf)

Der *Lehrgang* ist eine zeitlich begrenzte Fort-
oder Weiterbildungsveranstaltung.

11 **d)** *entlassen*

Eine *fristlose Entlassung* ist eine sofortige
einseitige Beendigung des Arbeitsverhältnisses.
Sie ist nur möglich, wenn ein wichtiger Grund
vorliegt.

12 **c)** jemanden nach Erreichen der Altersgrenze *in den Ruhestand entlassen*
Normalerweise gilt bei Männern eine Altersgrenze von 65 Jahren, bei Frauen von 60 Jahren.
Fremdenheim ist identisch mit *Fremdenpension* bzw. *Pension*. Hotelpreise werden genannt für Vollpension (= Unterkunft, Frühstück, Mittag- und Abendessen) oder Halbpension (= Unterkunft, Frühstück, Mittag- oder Abendessen). Eine Schule mit Internat kann auch *Pensionat* heißen.

13 **b)** die *Versorgung mit Essen*
Die *Pflege* = die Fürsorge, die Betreuung.
In einem *Pflegeheim* sind alte Menschen untergebracht, die Pflege brauchen.
Krankenpfleger und Krankenpflegerinnen sind das *Pflegepersonal* im Krankenhaus.

14 **e)** *Erfahrung auf einem bestimmten Fachgebiet*
einschlägig = bezüglich, dazugehörig. Etwas *im einschlägigen Geschäft* kaufen, bedeutet im Fachhandel kaufen; *gut einschlagen* = Erfolg haben, einen *guten Eindruck machen;*
unschlagbar = nicht zu überbieten, konkurrenzlos

15 **a)** die Altersgrenze *vorziehen* = früher ansetzen

Arbeitgeber – Arbeitnehmer

1 **b)** Richtig: der *Arbeitnehmer*

2 **a)** die *Gewerkschaft*
Mit *Belegschaft* meint man alle Angehörigen eines Betriebs, die *Arbeiterschaft* umfaßt die Gesamtheit der Arbeiter, etwa in einem Land.

3 **a)** der *Deutsche Gewerkschaftsbund*
In der Bundesrepublik sind die Gewerkschaften vor allem nach Wirtschaftszweigen, nicht nach Berufen orientiert. Der DGB ist die Vereinigung von 16 Einzelgewerkschaften. Daneben gibt es die *D*eutsche *A*ngestellten*g*ewerkschaft (*DAG*) und

den Deutschen Beamtenbund, beides Berufs-
gewerkschaften.
Die anderen Abkürzungen bedeuten:
BDA = die *B*undesvereinigung der *D*eutschen
*A*rbeitgeberverbände, die Partner der
Gewerkschaften bei Tarifverhandlungen sind.
BGB = das *B*ürgerliche *G*esetz*b*uch
DRK = das *D*eutsche *R*ote *K*reuz

4 Falsch
Eine neue *Tarifrunde*, also neue
Lohnverhandlungen, beginnt, sobald die Laufzeit
einer Tarifvereinbarung beendet ist oder wenn ein
Tarifvertrag gekündigt wird.

5 **c)** ein Vertrag, der *Lohn und Arbeitsbedingungen*
regelt. Man spricht auch vom kollektiven
Arbeitsvertrag.

6 **d)** *Lohn und Gehalt*
Der *Manteltarifvertrag* wird für längere Zeiträume
abgeschlossen, der *Lohntarifvertrag* wird meist
schon nach kurzer Laufzeit – zwischen neun und
achtzehn Monaten – wieder kündbar.

7 **c)** *gestreikt*
Streiken bedeutet die Arbeit niederlegen, falls es
bei Tarifverhandlungen nicht zu einer Einigung
kommt.

8 **d)** der *Hungerstreik*. Er ist kein Mittel des
Arbeitskampfs.
Beim *Bummelstreik* wird zwar gearbeitet, aber nur
teilweise bzw. langsam.
Ein *Warnstreik* dauert nicht lange und soll die
Arbeitgeber vor einem längeren Streik warnen.
Von *Generalstreik* spricht man, wenn allgemein
gestreikt wird.

9 **c)** der *Streikposten*; er hat die Aufgabe,
Arbeitswillige vom Betreten des Betriebsgeländes
abzuhalten.
Der *Tormann* steht im Fußballtor; ein *Ladenhüter*
ist eine Ware, die unverkauft bleibt; die *Wache* ist
eine Person, die etwas bewacht, und auch das

Wachlokal; der *Rausschmeißer* in einer Bar zwingt unliebsame Gäste zum Verlassen des Lokals.

10 **e)** die *Aussperrung*
die *Arbeitsniederlegung* = der Streik; die *Entlassung* = einseitige Lösung des Arbeitsverhältnisses durch den Arbeitgeber; der *Arbeitsschluß* = das Ende der täglichen Arbeitszeit; die *Betriebsferien* = der gemeinsame Jahresurlaub in einem Betrieb.

11 **b)** die *Sozialversicherung*
Die *Sozialversicherung* ist die Pflichtversicherung für Arbeitnehmer.

12 **d)** von *Arbeitgeber und Arbeitnehmer je zur Hälfte*
Das gilt auch für die Beiträge zur Kranken- und Rentenversicherung; die Unfallversicherung geht voll zu Lasten des Arbeitgebers.

13 **b)** *Lohnnebenkosten*. Dazu gehören vor allem die Beiträge zur Sozialversicherung.
Vermögenswirksame Leistungen heißen alle finanziellen Zuwendungen der Arbeitgeber an die Arbeitnehmer, sofern sie der Vermögensbildung dienen.
Gewinnanteile erhalten die Gesellschafter von OHG, KG und GmbH, während man mit *Tantiemen* die Vergütung des Aufsichtsrats der AG bezeichnet

14 **b)** *kündigen*

15 **d)** *zum Quartalsende*, d. h. die Kündigung muß sechs Wochen vor Quartalsende (= 31. 3., 30. 6., 30. 9., 31. 12.) erfolgen.

Zahlungsverkehr

1 **c)** *fällig*
Man sagt auch, die Rechnung ist *zahlbar* am 15. 7. Der Tag der Fälligkeit heißt Verfalltag.

2 **c)** *überweist* den Rechnungsbetrag

Man unterscheidet zwischen *Barzahlung* (mit
Münzen und Papiergeld oder durch
Postanweisung), *halbbarer Zahlung* (mit Scheck
oder durch Einzahlung auf ein Bank- oder
Postscheckkonto) und *bargeldloser Zahlung* (mit
Verrechnungsscheck oder durch Überweisung
von Konto zu Konto).
Von *anschreiben* spricht man, wenn man kleinere
Beträge z. B. im Einzelhandelsgeschäft nicht sofort
bezahlt.

3 **b)** *Zahlung in Teilbeträgen*
Wenn *Ratenzahlung* vereinbart wird, spricht man
von einem Abzahlungsgeschäft.

4 PSchA = Postscheckamt
Ffm = Frankfurt am Main
BLZ = Bankleitzahl (eine achtstellige
Nummer als Kennzahl eines
Kreditinstituts)
Kto.-Nr. = Kontonummer

5 **d)** *zahlungsunfähig*
Unentgeltlich und *kostenlos* sind synonym und
bedeuten gratis; *unbezahlbar* ist eine zu teure
Sache.

6 **d)** *Sein – Nichtsein*
Hamlet sagt: ,,Sein oder Nichtsein, das ist hier die
Frage.''
Die *Forderungen* (= Zahlungsanspruch) des
Gläubigers entsprechen den *Verbindlichkeiten* (=
Zahlungsverpflichtung) des Schuldners.
Soll und *Haben* heißen die beiden Seiten eines
Kontos; *Aktiva* und *Passiva* sind die Bilanzposten,
die jeweils auf der Aktiv- und der Passivseite
stehen.

7 **b)** die *Lastschrift*
Die *Abschrift* ist das Doppel eines Schriftstücks;
eine *Überschrift* ist der Titel eines Textes.

8 **c)** *belasten*
Man sagt: ,,Wir haben Ihr Konto *mit* 400,– DM
belastet.''

Das Gegenteil ist: „Wir haben Ihrem Konto 400,– DM *gutgeschrieben.*"

9 **e)** der *Saldo*
Um den *Saldo* zu ermitteln, *saldiert* man ein Konto.
Der *Sold* ist der Lohn eines Soldaten.

10 **c)** der *Überziehungskredit*
Wenn man *sein Konto überzieht*, nimmt man einen kurzfristigen Kredit in Anspruch. Das ist ohne Formalitäten möglich.

11 **a)** der *Kontoauszug* oder *Tagesauszug*
Aus dem *Kontoauszug* geht der *Kontostand* hervor. Der *Kontenrahmen* gliedert alle Konten im Rahmen der Buchhaltung in Klassen (0 bis 9) und numeriert sie einheitlich.

12 **d)** *abheben*

13 **b)** der *Nebensatz*
Diskontsatz und *Zinssatz* werden in Prozent angegeben (= *Prozentsatz*); der *Absatz* ist, in Mengen oder Werten angegeben, die Gesamtheit der abgesetzten = verkauften Waren.

14 **d)** der *Bürge*
Bürger sind die Bewohner einer Stadt oder eines Staates (der Staats*bürger*). Das *Bürgerliche* Gesetzbuch (BGB) regelt das *bürgerliche* Recht, während das *Handels*recht im Handelsgesetzbuch (HGB) niedergelegt ist.

15 **d)** *nicht eingelöst*
Durch den Wechselprotest wird festgestellt, daß der Bezogene bei Vorlage des Wechsels *nicht gezahlt* hat.

Banken, Börsen, Versicherungen

1 **d)** die *Sandbank* ist eine Sandinsel im Meer oder in Flüssen
Geschäftsbanken sind die Kreditinstitute, die alle Bankgeschäfte ausführen. Die Bank, über die ein

Kunde seine Geschäfte abwickelt, nennt er seine
Hausbank. Volksbanken sind Kreditgenossenschaften. *Hypothekenbanken* befassen sich
vorwiegend mit der Gewährung von Hypotheken-
krediten.

2 **c)** die *Zinsspanne*
Die *Handelsspanne* ist die Differenz (in %)
zwischen Einkaufspreis (Einstandspreis) und
Verkaufspreis. Sie muß die Kosten decken und
einen angemessenen Gewinn enthalten. *Zinsfuß*
ist identisch mit Zinssatz; ein *Zinsgefälle* entsteht,
wenn der Zinssatz in verschiedenen Ländern
unterschiedlich hoch ist; *Zinseszinsen* sind die
Verzinsung von Zinsen.

3 Richtig
Das *laufende Konto, Girokonto* oder
Kontokorrentkonto ist ein Bankkonto, über das
jederzeit durch Einzahlung, Barabhebung, Scheck
und Überweisung verfügt werden kann.

4 **b)** ein *Guthaben auf der Bank*
Bei bargeldlosem Zahlungsverkehr ersetzt dieses
Buchgeld das Bargeld.

5 **d)** der *offizielle Zinssatz für die Inzahlungnahme
von Wechseln*
Wenn die Bank einen Wechsel kauft, zieht sie die
Zinsen (den Diskont) von der Wechselsumme ab.
Die Höhe der berechneten Zinsen ist abhängig
vom Zinssatz (*Diskontsatz*), den die Bank zahlen
muß, wenn sie den Wechsel an die Deutsche
Bundesbank weiterverkauft.
Eine Erhöhung oder Senkung des *Diskontsatzes*
bewirkt immer eine Verteuerung bzw. Verbilligung
des Geldes.

6 **e)** *verkaufen*

7 **b)** *eine Stadt mit einer Börse*
Von einem *Börsenkrach* spricht man, wenn die
Kurse dramatisch fallen.

8 **e)** die *Geldbörse*, ein anderes Wort für *Geldbeutel*
oder *Portemonnaie*

An der *Wertpapierbörse* werden Wertpapiere aller Art, also auch Aktien, gehandelt. Die *Aktienbörse* ist daher ein Teil der Wertpapierbörse. Devisen und Waren werden entsprechend an der *Devisen-* bzw. *Warenbörse* umgeschlagen.

9 **d)** der *Strohmann*
Ein *Strohwitwer* ist ein Ehemann, dessen Frau verreist ist; *Strohkopf* verwendet man umgangssprachlich für Dummkopf. Der *Ersatzmann* ersetzt, z. B. beim Fußball, einen Spieler, der aus dem Spiel genommen wird. Ein *Hintermann* kann der „unbekannte Dritte" sein, für den ein Strohmann tätig ist.

10 **b)** *Notierung*
Die *Notiz* ist eine kurze schriftliche Mitteilung oder Aufzeichnung; die *Note* = ein Geldschein, eine Zensur in der Schule, ein Schriftzeichen für einen Ton, das Schreiben eines Staates an einen anderen. Der Ausdruck *die Nota* wird manchmal für Rechnung verwendet.

11 **a)** *absacken*
Alle Verben bedeuten eine rückläufige Bewegung. Am schwächsten ist *abbröckeln*.
Wird die Börsentendenz *anziehend, freundlich, erholt* genannt, dann steigen die Kurse. *Gehalten* und *behauptet* bezeichnen stabile Kurse; bei *lustloser* Börse besteht keine Kaufneigung.

12 **e)** der *Schiedsrichter*
Sachverständiger ist ein anderes Wort für *Experte*. Der *Sachverständigen*rat in der Bundesrepublik ist ein Gremium aus fünf Wirtschaftswissenschaft-lern, das regelmäßig Prognosen für die wirtschaft-liche Entwicklung aufstellt.

13 **b)** die *gütliche Einigung*
Vergütung = Bezahlung, Erstattung: die Reisekosten werden *vergütet*.
*Wiedergutmachung*sleistungen sind Reparationszahlungen des Besiegten an seine Kriegsgegner; *nach Gutdünken handeln* heißt

nach Belieben, nach eigenem Ermessen handeln.
4 **c)** *auf*
5 Falsch
Die *Leibrente* ist eine Rente auf Lebenszeit.

ransport und Verkehr

1 **a)** **3** : *Eisenbahn* auf der *Schiene*
  b) **4** : *Schiff* auf dem *Wasser*
  c) **2** : *Flugzeug* in der *Luft*
  d) **1** : *Kraftwagen* auf der *Straße*
2 **d)** der *Knotenpunkt*
  Köln ist ein Eisenbahn*knotenpunkt*.
  Im *Schnittpunkt* treffen sich zwei Linien oder
  Straßen; der *Mittelpunkt* ist das Zentrum; einen
  Treffpunkt vereinbart man. Am Flughafen oder im
  Bahnhof ist ein Treffpunkt mit diesem Symbol
  kenntlich gemacht:
3 **c)** *es ist höchste Zeit*
4 **b)** das *Schließfach*
  Gepäck*schließfächer* findet man in Bahnhöfen
  und Flughäfen. Ein Post*schließfach* kann man auf
  dem Postamt mieten, wenn man seine Post selbst
  abholen will. Statt Straße und Hausnummer wird
  in der Adresse dann die Nummer des Postfachs
  angegeben: z. B. Postfach 20 93.
5 **d)** *ein Zug, der an jeder Station hält*
  Der Ausdruck wird nur in der Umgangssprache
  verwendet; bei der Bahn heißen solche Züge
  Nahverkehrszüge.
6 **b)** die *Gütertrennung*
  Gütertrennung und das Gegenteil
  Gütergemeinschaft sind Begriffe aus dem
  ehelichen Güterrecht.
  Die Ausdrücke *Güterwagen, Güterzug,
  Güterbahnhof* und *Güterverkehr* gehören in den
  Bereich „Frachtbeförderung" der Eisenbahn. Im

Bereich „Personenbeförderung" gibt es analog die Ausdrücke *Personenwagen, Personenzug, Personenbahnhof* und *Personenverkehr*.

7 **e)** *UKW* = *U*ltra*k*urz*w*elle.
Die anderen Abkürzungen bedeuten:
Hbf. = *H*aupt*b*ahn*h*o*f*
LH = *L*uft*h*ansa
Lkw = *L*ast*k*raft*w*agen
IC = *I*nter*c*ity-Zug

8 **c)** Richtig: die Post muß viele Pakete befördern
fordern = verlangen;
fördern = z. B. Kohle abbauen (a); aber auch: unterstützen, begünstigen (d)
befördern = transportieren (b) und in eine höhere Stellung aufsteigen lassen (e)

9 **a)** *frei Haus*
ab hier = der Lieferer zahlt den Transport vom Werk zum Versandbahnhof; alle anderen Beförderungskosten gehen zu Lasten des Käufers;
ab Fabrik = der Käufer trägt alle Transportkosten;
frachtfrei und *frei Bahnhof dort* = der Lieferer übernimmt die Beförderungskosten bis zum Empfangsbahnhof, der Transport von dort zum Werk wird vom Käufer getragen.

10 **a)** *Rollgeld* heißen die Kosten für die An- und Abfuhr von Gütern zwischen Bahnhof und Absender bzw. Empfänger

11 **d)** *alle Fahrzeuge eines Betriebs*

12 Richtig
Der *Spediteur* führt den Güterversand entweder selbst durch oder vermittelt ihn an sog. Frachtführer.

13 **b)** Richtig: der *Ballen* – die *Ballen*
Der *Ballen* ist eine weiche Verpackung für Baumwolle, Tabak usw.;
in *Säcke* werden z. B. Kartoffeln, Zement verpackt;
das *Faß* dient im allgemeinen als Behälter für Flüssigkeiten (Wein, Bier);

in *Körbe* verpackt man vorzugsweise Obst;
der *Verschlag* dient dem Schutz von sperrigen
Gütern (z. B. Maschinen), er wird aus Holzlatten
angefertigt, die das Transportgut umgeben.

4 **d)** *Vorsicht Glas*
   Zerbrechlich

5 Falsch
   Warenflußkosten sind die Kosten, die beim
   Material- und Warentransport innerhalb des
   Betriebs entstehen.

Außenwirtschaft

1 **d)** das *Allgemeine Zoll- und Handelsabkommen*,
   bekannt unter seiner Abkürzung *GATT* (= *G*eneral
   *A*greement on *T*ariffs and *T*rade), dem heute mehr
   als 80 Vertragspartner angehören.

2 **d)** die *EWG* = die Europäische
   *W*irtschafts*g*emeinschaft
   Sie wurde 1958 ins Leben gerufen und zählt heute
   10 Mitgliedstaaten: Belgien, die Bundesrepublik
   Deutschland, Dänemark, Frankreich,
   Griechenland, Großbritannien, Irland, Italien,
   Luxemburg und die Niederlande.
   RGW = *R*at für *g*egenseitige *W*irtschaftshilfe
   (*COMECON*).

3 **b)** eine *Zollunion*
   Die *Zollunion* hat gemeinsame Außenzölle, aber
   keine Binnenzölle.
   Die *Freihandelszone* (Beispiel: die Europäische
   Freihandelszone – *EFTA* oder *AELE* – mit den
   Mitgliedern Finnland, Island, Norwegen,
   Österreich, Portugal, Schweden und der Schweiz)
   hat dagegen keinen gemeinsamen Außenzolltarif.
   Ein *Zollager* ist ein Depot, in dem Waren bis zur
   Ein- bzw. Ausfuhr unverzollt (unter Zollverschluß)
   lagern können. Ebenso „zollneutral" ist das
   *Freihafen*gebiet eines internationalen Hafens.

4 **c)** ein *Längenmaß*
1 *Zoll* = 2,54 cm; heute wird nur noch im
englischen Sprachraum in Zoll (= inch) gemessen.

5 **e)** der *Zollstock*
Der *Zollstock* ist ein zusammenklappbarer
Meßstab mit Zentimeter – (evtl. auch Zoll-)
Einteilung. Der Ausdruck geht auf das alte
Längenmaß Zoll zurück.
Das *Zollamt* ist die Zollbehörde; die *Zollschranke*
= die Zollgrenze; die *Zollinhaltserklärung* gibt
Auskunft darüber, welche Ware eine Sendung ins
Ausland enthält; der *Zolltarif* ist die Zusammen-
stellung der Zollsätze, die innerhalb eines
Zollgebiets angewendet werden.

6 **d)** der *Steuerbescheid*. Er ist eine Mitteilung des
Finanzamts über zu zahlende Steuern.
Zölle (Abgaben auf Einfuhren), *Kontingente*
(mengenmäßige Beschränkungen der Einfuhr)
und *Antidumpingabgaben* (auf
Niedrigpreisimporte) sind Maßnahmen zum
Schutz des inländischen Handels. Die
*Meistbegünstigungs*klausel räumt einem Handels-
partner automatisch die Behandlung ein (etwa
Zollsenkung), die man einem anderen Handels-
partner gewährt.

7 **a)** die *Weiterverarbeitung*
Unter *Veredelungs*verkehr versteht man die
Ausfuhr von Rohstoffen oder halbfertigen Waren,
die in einem anderen Land veredelt und
anschließend in das Ursprungsland wieder
eingeführt werden. Bei diesem Vorgang fällt
normalerweise kein Zoll an.

8 **b)** *zweiseitig*
Bilaterale Handelsverträge werden zwischen zwei
Staaten abgeschlossen, multilaterale Verträge
zwischen mehreren Staaten.

9 **a)** Richtig: *Außenhandel – Binnenhandel*
Bei den Paaren *Außen-* und *Binnenhandel, Außen-*
und *Innenpolitik, Außen-* und *Innenminister*

bedeutet *außen* immer die Beziehung zu anderen Staaten, *innen* bzw. *binnen* die Verhältnisse innerhalb des eigenen Landes.
Von *Außendienst* und *Innendienst* spricht man bei einer Tätigkeit außerhalb bzw. innerhalb des Betriebs (z. B. der Mitarbeiter im *Außendienst* = der Handlungsreisende).
Eine *Außenaufnahme* ist ein Photo im Freien, eine *Innenaufnahme* ist ein Photo in einem Raum.

10 **a)** *ausführen*, führte aus, hat ausgeführt
Die Ausfahrt ist das Substantiv zu *ausfahren*.

11 **b)** die *Ausfuhren werden teurer* und die *Einfuhren werden billiger*

12 **b)** die *Zahlungsbilanz*
Saldo der Handelsbilanz (Warenverkehr)
+ Saldo der Dienstleistungsbilanz (Reiseverkehr, Transport)
+ Saldo der Übertragungsbilanz (z. B. Überweisungen ausländischer Arbeitnehmer in ihre Heimatländer)
+ Saldo der Kapitalbilanz (Investitionen)

= Saldo der Zahlungsbilanz
Handelsbilanz und *Dienstleistungsbilanz* zusammen ergeben die *Leistungsbilanz*.

13 **a)** die *Handelsbilanz ist aktiv*, d. h. die Ausfuhren sind größer als die Einfuhren

14 **c)** *hoher Lebensstandard*

15 Falsch
vgl. Antwort zu Frage 13: Handelsbilanz + Dienstleistungsbilanz = Leistungsbilanz.

Zahlen und Fakten

1 **a)** **4** : Solinger Schneidwaren
b) **5** : Frankfurter Würstchen
c) **1** : Nürnberger Lebkuchen
d) **2** : Bielefelder Leinen
e) **3** : Offenbacher Lederwaren

2 **c)** die *Deutsche Industriemesse*, auch Hannover-Messe genannt
Das *Oktoberfest* ist ein Volksfest in München; die *Buchmesse* findet in Frankfurt statt; die *Wagner-Festspiele* sind in Bayreuth; die *Olympiade* war 1972 in München.

3 **b)** *EDV* = *E*lektronische *D*aten*v*erarbeitung
Die anderen Abkürzungen stehen für:
BASF = *B*adische *A*nilin- und *So*da*f*abrik in Ludwigshafen
Degussa = *De*utsche *G*old- und *S*ilber-*s*cheide*a*nstalt in Frankfurt
WMF = *W*ürttembergische *M*etallwaren*f*abrik in Geislingen
MAN = *M*aschinenfabrik *A*ugsburg-*N*ürnberg

4 **b)** Richtig: *Flughafen Rhein-Main*
Sachsenhausen ist ein Stadtteil von Frankfurt

5 **d)** *Ems, Weser und Elbe*

6 **a)** **3** : *Opel* in *Rüsselsheim*
b) **2** : *BMW* in *München*
c) **4** : *Mercedes* in *Stuttgart-Untertürkheim*
d) **1** : *Volkswagen* (*VW*) in *Wolfsburg*
e) **5** : *Ford* in *Köln*

7 **e)** *Schwarzwälder Käse*

8 **c)** *Frankfurt*

9 **b)** die *Innung*, z. B. Bäcker-*Innung*
die *Berufsgenossenschaft* = der Träger der Unfallversicherung; *Zünfte* und *Gilden* waren Berufsverbände im Mittelalter; die *Handwerkskammern* sind – wie die Industrie- und Handelskammern – regional gegliederte Körperschaften mit Pflichtmitgliedschaft

10 **d)** *Friedrich Wilhelm Raiffeisen* (1818–1888)
*Raiffeisen*kassen und *Raiffeisen*banken sind – nicht nur in der Bundesrepublik – in den ländlichen Gebieten weit verbreitet.

11 **d)** *Absatz* im Sinne von Verkauf
Abfälle werden beseitigt; *Abgase* und *Abwässer*

werden abgeleitet. Der *Abfluß* ist die Ableitung
von Abwässern.

12 **b)** *Verursacherprinzip*
Das *Urheberrecht* gibt dem *Urheber* (hier im Sinne
von Verfasser) das Verfügungsrecht über sein
Werk; ein *ursächlicher Zusammenhang* besteht
zwischen einer *Ursache und ihrer Wirkung;*
Ursprungsregeln sind ein Begriff aus dem
Zollrecht.

13 **d)** *ein Gebietsstreifen an der Grenze zur DDR*
Das *Zonenrandgebiet* ist 30 bis 50 km breit und gilt
als besonders förderungs- und entwicklungs-
bedürftig im Sinne der Regionalpolitik.

14 **c)** *Türken*
Es folgen *Jugoslawen, Italiener, Griechen* und
Spanier.

15 **e)** die *Bundesrepublik Deutschland*, gefolgt von
Japan, Großbritannien, Frankreich und der *UdSSR*

Kontrollaufgaben

Kontrollaufgaben

Kaufmännischer Schriftverkehr

1 Was bedeutet die Abkürzung *mombi* in einem *fs*?
2 Schreiben Sie richtig: *Hohestraße, Koblenzerplatz, Fürst Pückler Allee.*
3 Nennen Sie ein Synonym zu *kostenlos*!
4 Ergänzen Sie die Präposition: *Wir beziehen uns . . . Ihr Schreiben vom 3. 8.*
5 Wie heißen die Verben zu den Substantiven?

	Infinitiv	3. Person Präteritum	3. Person Perfekt
die Anfrage	*anfragen*	*fragte an*	*hat angefragt*
das Angebot			
der Beschluß			
die Ausfuhr			

6 Welchen Zusatz schreibt die Sekretärin vor ihre Unterschrift, wenn sie einen Brief in Abwesenheit des Chefs unterschreibt?
7 Was bedeutet *b. w.* und wo gebraucht man diese Abkürzung?
8 Setzt man hinter die Anrede ein Komma(,), ein Ausrufezeichen(!) oder einen Doppelpunkt(:)?

Werbung

1 Wie heißt eine Werbung, die nicht ehrlich ist?
2 Wer ist der Erfinder der Anschlagsäule?
3 Ist eine *Devise* ein Werbespruch oder ein Wahlspruch?
4 Wo kann man Leuchtreklame finden?
5 *Das Unternehmen werbt für ein neues Produkt.* Stimmt das Verb?
6 Was bedeutet die Abkürzung *PR*?
7 Wie heißen die Verben zu *Publikation* und *Propaganda*?
8 Was ist *vergleichende Werbung*?

Kauf und Verkauf

1 Nennen Sie zwei Synonyme für *unentgeltlich*!
2 Was ist ein Schaufenster?
3 Welche Klausel kann in ein Angebot aufgenommen werden?
4 Wie heißt der Betrag, den man als Kaution für eine Flasche bezahlen muß?
5 Geben Sie ein Beispiel für ein Warnzeichen!
6 Sind *Lieferzeitpunkt* und *Liefertermin* identisch?
7 Mein Fernseher hat keine Fernbedienung. Wie kann ich den Anschaffungspreis eines neuen Fernsehers mit Fernbedienung senken?
8 Wann gerät ein Lieferer in Lieferungsverzug?

Arbeitsplatz Büro

1 Wie nennt man die Tastatur bei englischen Schreibmaschinen?
2 Welches Format hat ein Briefblatt?
3 Welche Postleitzahl hat Frankfurt?
4 An wen zahlt der Empfänger einer Nachnahmesendung?
5 Wie heißt das Gegenteil zu: *Nehmen Sie den Hörer ab*!
6 Wie heißt das Synonym zu *Kopie*?
7 Steht zwischen ganzen und Dezimalzahlen ein Komma oder ein Punkt?
8 Was ist ein *Paragraph*, und welches Zeichen verwendet man dafür?

Arbeitsplatz Fabrik

1 Für welche Arbeit wird *Stücklohn* gezahlt?
2 Nennen Sie ein Synonym zu *produzieren*!
3 Bilden Sie Substantive zum Verb *treiben*!
4 Welche zwei Bedeutungen hat das Wort *Ausschuß*?
5 Nennen Sie mindestens drei zusammengesetzte Substantive mit *Betriebs*-!
6 Kennen Sie Wörter und Redewendungen mit *blau*?
7 Wie heißt das Werkzeug, mit dem man Nägel einschlägt?
8 Was bedeutet: Ab nächster Woche erscheint unsere Zeitschrift *im neuen Gewand*?

Handelsgesellschaften

1 Auf welchem Amt wird eine Geburt registriert?
2 Nennen Sie je ein Beispiel für eine *Personen-* und eine *Kapitalgesellschaft*!
3 Wie heißt die Vergütung, die ein Aufsichtsratsmitglied erhält?
4 Was bedeutet die Abkürzung *GmbH*?
5 Wie heißt das Gegenteil zu: Der Staat *senkt* die Steuern?
6 Wie heißen die kurzfristig verfügbaren Teile des Vermögens?
7 Sind *Abschreibung* und *Abwertung* dasselbe?
8 Wer erhält Dividende?

Mitarbeiter des Kaufmanns

1 Wie heißt der Plural von *Kaufmann* und *Geschäftsmann*?
2 Muß eine Phonotypistin Stenographiekenntnisse besitzen?
3 Wer unterschreibt mit *ppa.* vor seinem Namen?
4 Schreiben Sie *10%* in der deutschen Abkürzung!
5 Kennen Sie eine andere Bezeichnung für *Lehrling*?
6 Was macht der Buchhalter?
7 Wie heißt die Bezahlung für einen Handelsvertreter?
8 Kennen Sie eine andere Bezeichnung für *Grossist*?

Arbeitsverhältnis

1 Welche Hotelleistungen sind im Preis für Halbpension enthalten?
2 Ersetzen Sie die Fremdwörter *Photographie* und *Photokopie* durch deutsche Wörter!
3 Setzen Sie das fehlende Verb ein: *Leider gibt es keinen durchgehenden Zug von Aachen nach Stuttgart. Ich muß in Köln . . .*
4 Was heißt: *Unsere Preise sind unschlagbar*?
5 Nennen Sie ein anderes Wort für *Weiterbildungsveranstaltung*!
6 Was bedeutet *fristlos*?
7 Was ist der Unterschied zwischen *Pflege* und *Verpflegung*?
8 Wie heißt die kurze Lebensbeschreibung, die man den Bewerbungsunterlagen beifügen muß?

Arbeitgeber – Arbeitnehmer

1 Wie heißt die größte deutsche Arbeitnehmervereinigung?
2 Welche vier Zweige gehören zur Sozialversicherung?
3 Wird die Arbeitszeit im Lohntarif oder im Manteltarif geregelt?
4 Wie nennt man die Angehörigen eines Betriebs mit einem Sammelbegriff?
5 Gehören Tantiemen zu den Lohnnebenkosten?
6 Wer sind die Lohn- oder Tarifpartner?
7 Welche Aufgabe hat ein Streikposten?
8 Nennen Sie zwei Möglichkeiten des Arbeitskampfes!

Zahlungsverkehr

1 Wie heißen die beiden Seiten eines Kontos?
2 Formen Sie die Frage um, indem Sie das Verb *gutschreiben* verwenden: Warum haben wir von Ihnen noch keine Gutschrift für diesen Betrag erhalten?
3 Braucht man zur bargeldlosen Zahlung ein Bank- oder Postscheckkonto?
4 Sind *Forderungen* Zahlungsverpflichtungen oder Zahlungsansprüche?
5 Was bedeuten die Abkürzungen *BGB* und *HGB*?
6 Wie heißt der Tag, an dem eine Schuld fällig wird?
7 Wie lautet die Abkürzung für Bankleitzahl?
8 Ist jemand, der Schulden hat, *Schuldiger* oder *Schuldner?*

Banken, Börsen, Versicherungen

1 Kann eine Hausbank eine Geschäftsbank sein?
2 Nennen Sie 2 Bedeutungen des Wortes *Note*!
3 Wie heißen die Zinsen, die die Bank für Guthaben zahlt?
4 Welche Ausdrücke gibt es in der Börsensprache für *fallende* bzw. *steigende Tendenz?*
5 Wie heißt das Verb zu *Makler: makeln* oder *mäkeln?*
6 Wer erstellt ein Gutachten?

7 Setzen Sie die fehlenden Wörter ein: Die Handelsspanne ist die Differenz zwischen

_____ und _____

8 Welche Wirkung hat eine Erhöhung des Diskontsatzes?

Transport und Verkehr

1 Nennen Sie zwei Transportmittel!

2 Wie lauten die Lieferbedingungen, wenn der Lieferer alle Transportkosten übernimmt?

3 Wie heißt die individuelle Gepäckaufbewahrung in Bahnhöfen und Flughäfen?

4 Worin befördert man Flüssigkeiten, in *Ballen* oder in *Fässern*?

5 Was ist für den Nahverkehrszug charakteristisch?

6 Ergänzen Sie den Satz unter Verwendung von *fordern, fördern* oder *befördern*: Der Gläubiger . . . dringend sein Geld.

7 Welche Aufschrift könnte eine so markierte Kiste tragen?

8 Finden Sie analog zur Abkürzung *Lkw* die Abkürzung für *Personenkraftwagen*!

Außenwirtschaft

1 Welche Organisation hat die meisten Mitglieder: *EWG, GATT* oder *EFTA*?

2 Nennen Sie zwei zusammengesetzte Wörter mit *Zoll-*!

3 Auf welcher Seite der Handelsbilanz steht der Saldo, wenn die Bilanz aktiv ist?

4 Land A wertet seine Währung ab. Kann es daraufhin billiger importieren?

5 Wie heißt ein zusammenklappbares Metermaß?

6 In welcher Bilanz werden die Einnahmen und Ausgaben aus dem Reiseverkehr einander gegenübergestellt?

7 Für Kundenbesuche ist Kollege Glück zuständig. Er arbeitet im _____ dienst.

8 Wo kann eine eingeführte Ware untergebracht werden, bevor sie verzollt und in den freien Verkehr gebracht wird?

Zahlen und Fakten

1 Was heißt *EDV*?

2 In den Fragen werden München und Frankfurt mehrmals erwähnt. In welchem Zusammenhang?

3 Wer muß nach dem Verursacherprinzip für Umweltschäden aufkommen?

4 Woher kommen die meisten ausländischen Arbeitnehmer in der Bundesrepublik?

5 Nach wem sind landwirtschaftliche Kreditgenossenschaften benannt?

6 Nennen Sie fünf deutsche Unternehmen!

7 Welchen Namen hat der Frankfurter Flughafen?

8 Warum gibt es zwischen Rhein und Main keinen Kanal?

Lösungen

Lösungen

Kaufmännischer Schriftverkehr
1 bitte einen Moment warten; 2 Hohe Straße, Koblenzer Platz, Fürst-Pückler-Allee; 3 unentgeltlich; 4 auf; 5 anbieten, bot an, hat angeboten; beschließen, beschloß, hat beschlossen; ausführen, führte aus, hat ausgeführt; 6 nach Diktat verreist; 7 bitte wenden; b. w. schreibt man auf ein Blatt rechts unten als Hinweis auf die Rückseite; 8 ein Komma oder ein Ausrufezeichen.

Werbung
1 *unlautere Werbung;* 2 Ernst Litfaß; 3 ein Wahlspruch; 4 an Gebäuden; 5 nein; richtig: wirbt; 6 *Public Relations;* 7 *publizieren* und *propagieren;* 8 eine Werbemaßnahme (z. B. Anzeige), in der das eigene Produkt mit einem namentlich genannten Konkurrenzprodukt verglichen wird.

Kauf und Verkauf
1 *kostenlos, gratis;* 2 die verglaste Auslage eines Geschäfts; 3 *die Freizeichnungsklausel, die Preisgleitklausel;* 4 *das Flaschenpfand;* 5 die Sirene eines Polizei- oder Feuerwehrautos, Verkehrszeichen; 6 ja; 7 ich gebe den alten Fernseher in Zahlung; 8 wenn er nicht zum vereinbarten Termin liefert.

Arbeitsplatz Büro
1 QWERTY; 2 DIN A4; 3 6000; 4 an den Briefträger; 5 *Legen Sie den Hörer auf;* 6 Durchschlag; 7 ein Komma; 8 ein Abschnitt eines Gesetzes, §.

Arbeitsplatz Fabrik

1 Akkordarbeit; 2 herstellen, fertigen; 3 Treibstoff,
Antrieb, Triebfeder, Getriebe; 4 mangelhafte Ware,
Kommission; 5 Betriebsausflug, Betriebsrat,
Betriebsleiter; 6 blau machen, blauer Montag, blau sein,
Fahrt ins Blaue; 7 Hammer; 8 die äußere Aufmachung
wird geändert.

Handelsgesellschaften

1 Standesamt; 2 OHG und AG oder KG und GmbH;
3 Tantieme; 4 Gesellschaft mit beschränkter Haftung;
5 der Staat *erhöht* die Steuern; 6 Umlaufvermögen;
7 nein; 8 der Aktionär.

Mitarbeiter des Kaufmanns

1 Kaufleute, Geschäftsleute; 2 nein; 3 der Prokurist;
4 10 v. H.; 5 Azubi; 6 er besorgt die Buchführung; 7 die
Provision; 8 der Großhändler

Arbeitsverhältnis

1 Unterkunft, Frühstück, Mittag- oder Abendessen; 2 das
Lichtbild und die Ablichtung; 3 umsteigen;
4 konkurrenzlos, einmalig; 5 der Lehrgang, der Kurs;
6 sofort, ohne Wartezeit; 7 Pflege = Betreuung im
Krankenhaus oder in ähnlichen Einrichtungen,
Verpflegung = Versorgung mit Essen; 8 der tabellarische
Lebenslauf.

Arbeitgeber – Arbeitnehmer

1 DGB; 2 Kranken-, Renten-, Arbeitslosen- und
Unfallversicherung; 3 im Manteltarif; 4 die Belegschaft;
5 nein; 6 die Gewerkschaften und die
Arbeitgeberverbände; 7 Er soll Arbeitswillige vom
Betreten eines bestreikten Betriebs abhalten; 8 Streik und
Aussperrung.

Zahlungsverkehr

1 Soll und Haben; 2 Warum haben Sie uns diesen Betrag
noch nicht gutgeschrieben? 3 ja; 4 Zahlungsansprüche;
5 Bürgerliches Gesetzbuch und Handelsgesetzbuch; 6 der
Verfalltag; 7 BLZ; 8 Schuldner.

Banken, Börsen, Versicherungen
1 ja; **2** der Geldschein, die Zensur in der Schule;
3 Habenzinsen; **4** nachgebend, abbröckelnd und
anziehend, freundlich; **5** makeln; **6** der Gutachter;
7 Einkaufspreis und Verkaufspreis; **8** das Geld wird teurer
und damit auch knapper.

Transport und Verkehr
1 Schiff, Eisenbahn; **2** frei Haus; **3** das Schließfach;
4 in Fässern; **5** er hält an jeder Station; **6** fordert;
7 Vorsicht Glas; **8** Pkw.

Außenwirtschaft
1 GATT; **2** Zollbeamter, Zollgrenze; **3** auf der Passivseite;
4 nein; die Importe werden teurer; **5** Zollstock;
6 Dienstleistungsbilanz; **7** Außendienst; **8** im Zollager.

Zahlen und Fakten
1 Elektronische Datenverarbeitung; **2** München: BMW,
Oktoberfest, Olympiade; Frankfurt: Flughafen, Degussa,
Bankenzentrum, Würstchen; **3** derjenige, der für den
Schaden verantwortlich ist, in der Regel die
Industriebetriebe; **4** aus der Türkei; **5** nach Friedrich
Wilhelm Raiffeisen; **6** Volkswagenwerk, BASF, Degussa,
BMW, Daimler-Benz (Hersteller von Mercedes); **7** Rhein-
Main; **8** eine künstliche Verbindung ist nicht nötig, weil
der Main in den Rhein mündet.